Arnaud Bruckert

La balance bénéfice-risque des médicaments

Arnaud Bruckert

La balance bénéfice-risque des médicaments

Évolution et application de la législation pharmaceutique européenne concernant la balance bénéfice-risque

Presses Académiques Francophones

Impressum / Mentions légales
Bibliografische Information der Deutschen Nationalbibliothek: Die Deutsche Nationalbibliothek verzeichnet diese Publikation in der Deutschen Nationalbibliografie; detaillierte bibliografische Daten sind im Internet über http://dnb.d-nb.de abrufbar.
Alle in diesem Buch genannten Marken und Produktnamen unterliegen warenzeichen-, marken- oder patentrechtlichem Schutz bzw. sind Warenzeichen oder eingetragene Warenzeichen der jeweiligen Inhaber. Die Wiedergabe von Marken, Produktnamen, Gebrauchsnamen, Handelsnamen, Warenbezeichnungen u.s.w. in diesem Werk berechtigt auch ohne besondere Kennzeichnung nicht zu der Annahme, dass solche Namen im Sinne der Warenzeichen- und Markenschutzgesetzgebung als frei zu betrachten wären und daher von jedermann benutzt werden dürften.

Information bibliographique publiée par la Deutsche Nationalbibliothek: La Deutsche Nationalbibliothek inscrit cette publication à la Deutsche Nationalbibliografie; des données bibliographiques détaillées sont disponibles sur internet à l'adresse http://dnb.d-nb.de.
Toutes marques et noms de produits mentionnés dans ce livre demeurent sous la protection des marques, des marques déposées et des brevets, et sont des marques ou des marques déposées de leurs détenteurs respectifs. L'utilisation des marques, noms de produits, noms communs, noms commerciaux, descriptions de produits, etc, même sans qu'ils soient mentionnés de façon particulière dans ce livre ne signifie en aucune façon que ces noms peuvent être utilisés sans restriction à l'égard de la législation pour la protection des marques et des marques déposées et pourraient donc être utilisés par quiconque.

Coverbild / Photo de couverture: www.ingimage.com

Verlag / Editeur:
Presses Académiques Francophones
ist ein Imprint der / est une marque déposée de
OmniScriptum GmbH & Co. KG
Heinrich-Böcking-Str. 6-8, 66121 Saarbrücken, Deutschland / Allemagne
Email: info@presses-academiques.com

Herstellung: siehe letzte Seite /
Impression: voir la dernière page
ISBN: 978-3-8416-3142-8

Zugl. / Agréé par: Strasbourg, Université de Strasbourg, 2013

Copyright / Droit d'auteur © 2015 OmniScriptum GmbH & Co. KG
Alle Rechte vorbehalten. / Tous droits réservés. Saarbrücken 2015

ÉVOLUTION ET APPLICATION DE LA LÉGISLATION PHARMACEUTIQUE EUROPÉENNE CONCERNANT LA BALANCE BÉNÉFICE – RISQUE DES MÉDICAMENTS

Table des matières

Table des matières _____ 3

Introduction générale _____ 5

1ère Partie : La place de l'évaluation de la balance bénéfice – risque dans le cycle de vie des médicaments _____ 8

   1   Le cycle de vie des médicaments _____ 8

   2   Les essais cliniques _____ 9
      2.1 Le CTA (Clinical Trial Autorisation) _____ 9
      2.2 Les essais cliniques _____ 10

   3   L'autorisation de mise sur le marché _____ 12
      3.1 Quels médicaments sont concernés par cette procédure centralisée ? _____ 12
      3.2 Format et contenu de l'AMM_____ 13

   4   Le maintien du médicament sur le marché _____ 14
      4.1 Bases légales _____ 14
      4.2 Rapports périodiques actualisés de pharmacovigilance (PSUR) _____ 15
      4.3 Les modifications _____ 19

   5   Conclusion _____ 22

2ème Partie : Histoire de l'Europe, scandales pharmaceutiques et évolution de la législation européenne du médicament _____ 24

   1   De l'idée d'une Union Européenne à la première directive pharmaceutique européenne_____ 24

   2   Du Distilbène à la chute du mur de Berlin _____ 28

   3   De l'Union Européenne à la directive 2001/83/CE _____ 33

   4   L'élargissement continue et les scandales s'accélèrent_____ 38

   5   Evolution de la notion de balance bénéfice risque dans la législation européenne_____ 47
      5.1 L'évolution de la notion de « balance bénéfice – risque » de 1965 à 2001 ___ 48
      5.2 L'évolution de la notion de « balance bénéfice – risque » depuis 2001 _____ 50

3ème Partie : Évaluation de la balance bénéfice – risque _____ 60

   1   Évaluation actuelle de la balance bénéfice – risque _____ 60
      1.1 Évaluation des bénéfices _____ 61
          1.1.1 Introduction _____ 61
          1.1.2 La description de l'épidémiologie et de l'histoire naturelle de la cible ___ 61
          1.1.3 Les objectifs et les résultats prévus du traitement _____ 62
          1.1.4 La preuve du bénéfice _____ 63
          1.1.5 Les thérapies alternatives _____ 64

- 1.1.6 Conclusion _____ 65
- 1.2 Evaluation des risques _____ 66
  - 1.2.1 Introduction _____ 66
  - 1.2.2 Les considérations générales dans une analyse des risques _____ 67
    - 1.2.2.1 Le cas d'un nouvel effet lié au médicament et pouvant modifier la balance bénéfice – risque _____ 67
    - 1.2.2.2 Prévention, prédictibilité et réversibilité de la réaction _____ 67
    - 1.2.2.3 Le concept de risque dominant (risk driver) et ses effets sur le profil de risque 68
    - 1.2.2.4 Évaluation des risques entre produits _____ 68
  - 1.2.3 Le profil de risque _____ 69
    - 1.2.3.1 Principe de base _____ 69
    - 1.2.3.2 Structure et présentation des données _____ 70
    - 1.2.3.3 Spécification des données _____ 71
    - 1.2.3.4 Comparaison des profils pour différents médicaments _____ 71
  - 1.2.4 L'importance du risque pour un effet indésirable _____ 73
  - 1.2.5 Quantification du risque _____ 74
    - 1.2.5.1 L'incidence de la réaction _____ 74
    - 1.2.5.2 Approche pratique de la pondération des effets indésirables _____ 75
    - 1.2.5.3 Estimation totale du risque du médicament _____ 75
    - 1.2.5.4 Validité des évaluations _____ 76
  - 1.2.6 Conclusion _____ 76
- 1.3 Evaluation de la balance bénéfice – risque _____ 77
- 1.4 Conclusion _____ 78

2 Les méthodes d'évaluation de la balance bénéfice – risque _____ 78

- 2.1 Introduction _____ 78
- 2.2 Principe des trois : description et méthode d'analyse semi – quantitative _____ 80
- 2.3 Principe des trois : approche quantitative _____ 83
- 2.4 Le modèle TURBO _____ 85
- 2.5 MCDA : Analyse décisionnelle multi – critères _____ 89
  - 2.5.1 Principe _____ 89
  - 2.5.2 Application de la méthode MCDA à l'évaluation de la balance bénéfice – risque des médicaments : concernant une drogue X, un antipsychotique atypique _____ 92
  - 2.5.3 Les avantages de la MCDA _____ 101
  - 2.5.4 Les inconvénients de la MCDA _____ 102
- 2.6 Conclusion _____ 103

Conclusion générale _____ *105*

Bibliographie _____ *108*

Remerciements _____ *117*

Introduction générale

L'évaluation de la balance bénéfice risque joue un rôle central dans l'autorisation de mise sur le marché des médicaments depuis plusieurs décennies. Cependant, il semble que cette évaluation ne soit pas arrivée à un niveau de maturité adéquat.

En effet, depuis la moitié du 20ème siècle et suite à de nombreux scandales pharmaceutiques très médiatisés, on assiste à une crise de confiance. Les risques que peuvent présenter les médicaments sont désormais connus du grand public et ces derniers remettent en cause les processus décisionnels concernant l'autorisation de mise sur le marché notamment en matière d'évaluation de la balance bénéfice – risque qui est le critère central permettant de délivrer cette autorisation. En réponse à cette crise de confiance, de nombreuses actions ont été menées aussi bien au niveau législatif, afin d'asseoir le statut de l'évaluation de la balance bénéfice – risque dans la législation, qu'au niveau de l'évaluation de la balance bénéfice – risque elle-même, afin d'améliorer la manière dont son évaluation est faite. Actuellement, cette évaluation est réalisée qualitativement de manière implicite, ce qui implique que chaque expert se voit relativement libre concernant son analyse et sa communication. De ce fait, les conclusions peuvent être différentes à travers le monde (exemple : en Europe, la Cladribine n'est pas autorisée dans la lutte contre la sclérose en plaque alors qu'en Australie, une autorisation a été délivrée). Basé sur les scandales et le mode d'évaluation actuel qui semble présenter certaines faiblesses, de nombreuses initiatives ont été lancées. Le Council for International Organizations of Medical Sciences (CIOMS), s'est notamment posé la question de l'évaluation de cette balance, des méthodes utilisées et a réalisé un état des lieux sur ce sujet en 1998. Ensuite, en 2006, l'Agence Européenne du Médicament (EMA) a initié un projet afin de réfléchir à l'élaboration de différentes méthodes d'évaluation de la balance bénéfice – risque.

Ce mémoire a pour objectif de comprendre comment l'évaluation de la balance bénéfice – risque pourrait se faire de manière plus quantitative et plus transparente.

Dans un premier temps, nous nous attèlerons à décrire la place de l'évaluation de la balance bénéfice – risque du médicament dans son cycle de vie afin de montrer son importance. Dans un deuxième temps, nous verrons l'évolution de la législation pharmaceutique dans un contexte européen et de scandales pharmaceutiques afin de montrer la place croissante de cette dernière dans la législation. Et pour finir, nous nous focaliserons sur la méthode actuellement employée ainsi que trois méthodes d'évaluation de la balance bénéfice – risque, proposées par le CIOMS et l'EMA pour améliorer la méthodologie actuelle.

1ère Partie : La place de l'évaluation de la balance bénéfice – risque dans le cycle de vie des médicaments

1ère Partie : La place de l'évaluation de la balance bénéfice – risque dans le cycle de vie des médicaments

1 Le cycle de vie des médicaments

De la découverte d'une molécule à sa mise sur le marché, le médicament traverse une multitude d'étapes.

L'évaluation de la balance bénéfice – risque a une place omniprésente dans la vie des médicaments. Après la découverte d'effet thérapeutique d'une molécule en laboratoire, il faut se faire une idée des risques que cette dernière peut présenter. En effet, avant de poursuivre des études plus approfondies qui ont un coût élevé, les chercheurs réalisent des essais sur les animaux (phase pré – clinique) afin de savoir quels peuvent être les risques théoriques pour l'Homme. Comme nous allons le voir par la suite, selon la maladie traitée, les bénéfices et les risques prédits, les laboratoires vont décider de poursuivre ou non les études. Cette première évaluation de la balance bénéfice – risque se fait « naturellement ».

Une fois que les études précliniques ont permis de mettre en évidence l'innocuité et l'effet thérapeutique potentiel, les essais sur l'Homme peuvent commencer.

2 Les essais cliniques

La directive 2001/20, concernant le rapprochement des dispositions législatives, réglementaires et administratives des États membres relatives à l'application de bonnes pratiques cliniques dans la conduite d'essais cliniques de médicaments à usage humain, permet la protection des droits de l'Homme et de la dignité humaine lors des essais cliniques. Mais elle permet également d'assurer la qualité de ces essais (Bonnes Pratiques Cliniques) et des médicaments (Bonnes Pratiques de Fabrication).

Selon l'article 9 de la directive 2001/20, avant le commencement de tout essai clinique, une demande d'autorisation en bonne et due forme doit être présentée à l'autorité compétente de l'État membre dans lequel les essais se dérouleront ainsi que l'avis favorable du comité d'éthique.

2.1 Le CTA (Clinical Trial Autorisation)

Le dossier soumis auprès des autorités compétentes peut suivre une guideline « Detailed guidance on the submission to competent authorities of a request for authorisation of a clinical trial on a medicinal product for human use » (Mars 2010), qui détaille le format et le contenu du dossier de demande [1]. Dans cette guideline, au point 2.7 concernant les données sur le médicament expérimental, un dossier résumant les informations relatives à la qualité, la fabrication et le contrôle de la molécule, provenant des données issues des études non – cliniques et cliniques devra être déposé. Dans cette partie, une évaluation de la balance bénéfice – risque est à réaliser. Concernant l'avis du comité d'éthique, il existe également une guideline «Detailed guidance on the application format and documentation to be submitted in an application for an Ethics Committee opinion on the clinical trial on medicinal products for human use » [2], qui détaille également la procédure à suivre pour cette demande. Il faut noter, d'après l'article 7 de la directive 2001/20, qu'il y a autant d'avis unique que d'États membres concernés par cet essai, c'est – à – dire que dans le cas d'un essai multicentrique dans plusieurs pays membres, une autorisation est nécessaire dans chacun d'eux. Il en est de même pour la demande auprès des autorités compétentes.

Une fois les autorisations validées, les essais cliniques sur l'Homme peuvent être réalisés. Ces essais vont apporter un grand nombre d'informations sur le médicament expérimental et vont mettre en évidence son efficacité et son innocuité afin qu'il puisse passer de candidat à médicament.

2.2 Les essais cliniques

Une fois le CTA accepté, il est possible d'entrer en phase d'essais cliniques sur l'Homme. Ils permettent de mesurer l'efficacité, la sécurité d'emploi et d'identifier les effets indésirables.

Les essais cliniques chez l'Homme sont réalisés en 3 phases :

- Phase I : Tolérance et innocuité

Le candidat médicament est administré chez le volontaire sain.

Dans cette phase est déterminée la dose minimale active, les paramètres pharmacocinétiques et l'acceptabilité du futur médicament.

Elle concerne de 100 à 200 patients et dure environ 18 mois. Son but est de collecter un maximum d'informations après le premier contact avec l'homme mais elle ne sert pas à affirmer l'effet thérapeutique du candidat.

- Phase II : Efficacité

Cette phase se pratique chez le patient souffrant de la maladie cible.

Son but est d'obtenir l'avis des médecins quant à l'activité thérapeutique du produit, de sonder les indications possibles, les effets indésirables, la durée de l'effet et les doses optimales.

Elle concerne 100 à 500 patients et dure de 12 à 24 mois.

- Phase III : Étude pivot

Cette phase est décisive pour l'obtention de la mise sur le marché. Elle repose sur une méthodologie scientifique rigoureuse (randomisé, en aveugle, contre un placebo ou une substance de référence). Son but est de déterminer le profil thérapeutique et la pharmacocinétique du candidat.

Elle concerne de 1.000 à 3.000 patients et dure quelques années.

À chaque instant de ces essais, la molécule peut être abandonnée pour diverses raisons, notamment par manque d'efficacité ou des risques trop élevés. Il y a, à chaque nouvelle information, des réévaluations de la balance bénéfice – risque. Pour pouvoir être commercialisé, la balance doit absolument être favorable. C'est pourquoi, les résultats de ces trois phases permettent l'obtention, ou non, de l'autorisation de mise sur le marché par les autorités compétentes. L'évaluation de la balance bénéfice – risque au niveau des essais cliniques s'appelle les DSUR (Development Safety Update Report). Ils permettent l'évaluation de la sécurité et de l'efficacité du médicament au cours des essais cliniques. Étant donné qu'ils sont réalisés périodiquement, ils sont comparés entre eux et ils décrivent les nouveaux problèmes de sécurité qui pourraient avoir un impact sur les sujets de l'étude [3].

À noter que la pharmacovigilance et le management des bénéfices et des risques sont faits durant toute la vie du médicament et par tous les acteurs de santé.

3 L'autorisation de mise sur le marché

Il existe différentes procédures pour mettre un médicament sur le marché : communautaires ou nationales. Dans cette partie nous nous contenterons de la procédure communautaire centralisée. Selon la directive 2001/83, une évaluation des bénéfices et des risques pour l'autorisation de mise sur le marché des médicaments est obligatoire.

Dans notre contexte de procédure centralisée, l'AMM est octroyée par l'Agence Européenne et devient valable dans tous les États membres de l'Union. Le règlement 726/2004/CE présente la procédure centralisée pour l'autorisation et la surveillance des médicaments à usage humain et vétérinaire.

3.1 *Quels médicaments sont concernés par cette procédure centralisée ?*

Elle est obligatoire pour :
- Les médicaments issus des procédés biotechnologiques,
- les médicaments de thérapie innovante,
- les médicaments orphelins,
- et tout médicament à usage humain contenant une substance active entièrement nouvelle, c'est-à-dire n'ayant pas encore fait l'objet d'une

autorisation dans la Communauté, et dont l'indication thérapeutique est le traitement du syndrome d'immunodéficience acquise, du cancer, d'une maladie neurodégénérative ou du diabète, le traitement des maladies auto- immunes et d'autres dysfonctionnements immunitaires ainsi que des maladies virales.

Mais elle peut être également utilisée pour toute nouvelle substance.

3.2   Format et contenu de l'AMM

Selon l'article 6 point 1 de la directive 2001/83, aucun médicament ne peut être mis sur le marché sans cette autorisation. De plus le point 1 bis) rend responsable juridiquement le détenteur de l'AMM. Pour finir, cette directive précise que les documents et renseignements qui doivent être joints à la demande d'autorisation de mise sur le marché doivent démontrer que le bénéfice lié à l'efficacité l'emporte sur les risques potentiels.

Pour les modalités de présentation, de contenu et de format du dossier il suffit de suivre des guidelines contenues dans l'Eudralex Volume 2 « Pharmaceutical Legislation Notice to applicants and regulatory guidelines medicinal products for human use ».

Le dossier d'AMM doit être présenté selon le format appelé Common Technical Document (CTD) qui est commun à l'Europe, aux Etats – Unis et au Japon. Il est articulé en 5 modules :

- Module 1 : il contient les données administratives (dossier de candidature, Résumé des Caractéristiques du Produit, étiquetage, notice, etc.).
- Module 2 : il contient les résumés des modules 3, 4 et 5 (qualité, données non – cliniques et cliniques).

- Module 3 : il contient la documentation chimique, biologique et pharmaceutique.
- Module 4 : il contient les tests toxicologiques et pharmacologiques obtenus dans les études non – cliniques.
- Module 5 : il contient les informations des essais cliniques.

Évidemment, l'évaluation de la balance bénéfice – risque est prépondérante dans l'obtention de l'AMM. Il faut fournir un bref résumé des observations cliniques, y compris des limitations importantes et une évaluation des bénéfices et risques sur la base des conclusions des études cliniques. Il est exigé une interprétation de la façon dont les observations relatives à l'efficacité et à la sécurité justifient la posologie proposée et les indications visées. De plus, une évaluation est requise sur la façon dont le résumé des caractéristiques du produit et d'autres démarches sont de nature à optimiser les bénéfices et gérer les risques (plan de gestion de risques).

4   Le maintien du médicament sur le marché

4.1   Bases légales

Une fois l'AMM obtenue, le détenteur se doit d'assurer la sécurité, l'efficacité et la qualité du médicament. Le titulaire de cette autorisation doit répondre à des exigences bien précises émanant des autorités compétentes. Il peut être imposé au titulaire de réaliser une étude de sécurité ou d'efficacité post autorisation (article 22 bis de la directive 2001/83). De plus, le titulaire doit tenir compte, selon l'article 23, des progrès techniques et scientifiques dans les méthodes de fabrication et de contrôle du médicament. Enfin, il est de sa responsabilité, d'apporter à l'autorité compétente toute information nouvelle qui pourrait influencer l'évaluation des bénéfices et des risques du médicament concerné (résultat positifs ET négatifs). Au point 4 de ce même article, les autorités compétentes peuvent demander au titulaire de l'autorisation de mise sur le marché de leur transmettre des données démontrant que le rapport bénéfice/risque demeure favorable. Un suivi permanent du rapport entre les bénéfices et les risques doit être rigoureusement réalisé, il s'agit de la pharmacovigilance. Cette dernière s'est vue remaniée dans la législation depuis l'affaire Médiator®.

D'un point de vue plus pratique, l'AMM n'est valable que 5 ans selon l'article 24 et doit être renouvelée sur la base d'une balance bénéfice – risque favorable. Une fois renouvelée, l'AMM peut soit être validé pour une durée illimitée, soit faire l'objet d'un autre renouvellement ultérieur. Mais ce n'est pas pour autant que le médicament ne peut plus être retiré du marché, ni même une raison pour ne plus suivre la balance bénéfice – risque de la molécule.

4.2 Rapports périodiques actualisés de pharmacovigilance (PSUR)

D'après la directive 2010/84 (article 107 ter) : les titulaires de l'AMM soumettent à l'Agence des rapports périodiques actualisés de sécurité contenant:

a) des résumés des informations en rapport avec les bénéfices et les risques du médicament;

b) une évaluation scientifique du rapport bénéfice/risque du médicament;

c) toutes les informations relatives au volume des ventes du médicament, ainsi que toute information sur le volume des prescriptions, y compris une estimation de la population exposée au médicament.

D'après l'article 107 quater (7) de la Directive 2010/84/UE, l'Agence publie une liste des dates de référence pour l'Union et des fréquences de soumission des rapports périodiques actualisés de sécurité par l'intermédiaire du portail web européen sur les médicaments.

La fréquence de transmission de ces rapports périodiques est précisée dans l'autorisation de mise sur le marché.

Les PSURs doivent également respecter le règlement 1235/2010 et le règlement d'exécution 520/2012. Ce dernier précise la façon de rédiger ces rapports périodiques actualisés de sécurité. Le format y est présenté en annexe II de ce règlement :

Format des rapports périodiques actualisés de sécurité à transmettre par voie électronique

Le rapport périodique actualisé de sécurité se compose des modules suivants:
Partie I page de titre comprenant la signature
Partie II synthèse
Partie III table des matières
1. Introduction
2. Statut mondial de l'autorisation de mise sur le marché
3. Actions entreprises pour des raisons de sécurité durant la période considérée
4. Modifications des informations de référence sur la sécurité d'emploi

5. Exposition estimée et modalités d'administration
    5.1. Exposition cumulée des sujets durant les essais cliniques
    5.2. Exposition, cumulée et pour la période considérée, des patients depuis la commercialisation

6. Tableaux de synthèse des données
    6.1. Informations de référence
    6.2. Tableaux de synthèse des données cumulées des événements indésirables graves lors des essais cliniques
    6.3. Tableaux de synthèse des données cumulées et pour la période considérée depuis la commercialisation

7. Résumés des principaux résultats des essais cliniques pendant la période considérée
    7.1. Essais cliniques terminés
    7.2. Essais cliniques en cours
    7.3. Suivi à long terme
    7.4. Autres utilisations thérapeutiques du médicament
    7.5. Nouvelles données de sécurité d'emploi liées aux associations fixes

8. Résultats des études non interventionnelles
9. Informations provenant d'autres essais cliniques et sources
10. Données non cliniques
11. Littérature
12. Autres rapports périodiques
13. Manque d'efficacité dans les essais cliniques contrôlés
14. Données de dernière minute
15. Récapitulatif des signaux: nouveaux, en cours d'évaluation ou classés
16. Évaluation des signaux et des risques
    16.1. Résumés des problèmes de sécurité
    16.2. Évaluation des signaux

> 16.3. Évaluation des risques et des informations nouvelles
> 16.4. Caractérisation des risques
> 16.5. Efficacité de la réduction des risques (le cas échéant)
> 17. Évaluation des bénéfices
> 17.1. Principales informations sur l'efficacité (dans les essais cliniques et la pratique clinique)
> 17.2. Informations récentes sur l'efficacité (dans les essais cliniques et la pratique clinique)
> 17.3. Caractérisation des bénéfices
> 18. Analyse intégrée des bénéfices et des risques pour les indications autorisées
> 18.1. Contexte du rapport bénéfice/risque – besoins thérapeutiques et alternatives importantes
> 18.2. Évaluation de l'analyse des bénéfices et des risques
> 19. Conclusions et actions
> 20. Annexes au rapport périodique actualisé de sécurité

Dans ce format, une évaluation des risques, des bénéfices et enfin de la balance bénéfice – risque est demandée.

Les autorités nationales compétentes évaluent les rapports périodiques actualisés de sécurité en vue de déterminer si des risques nouveaux sont apparus, si les risques existants ont changé ou si le rapport bénéfice – risque des médicaments s'est modifié.

L'évaluation unique est réalisée par un rapporteur désigné par le comité pour l'évaluation des risques en matière de pharmacovigilance, lorsqu'au moins une des autorisations de mise sur le marché concernée a été délivrée selon la procédure centralisée. Ensuite, le comité des médicaments à usage humain procède à l'examen du rapport du comité pour l'évaluation des risques en matière de pharmacovigilance et rend un avis tendant au maintien, à la modification, à la suspension ou au retrait des autorisations en question.

En post – marketing, il est également possible de modifier l'AMM pour diverses raisons.

4.3 Les modifications

Les progrès scientifiques et techniques obligent les industriels à modifier leur AMM (selon l'art. 23). Ces modifications sont réglementées selon l'article 35, car toute demande, présentée par le titulaire de l'AMM, de modification d'AMM doit être présentée à l'EMA. Le règlement n°1234/2008, concernant l'examen des modifications des termes d'une autorisation de mise sur le marché de médicaments à usage humain et de médicaments vétérinaires, a pour but de simplifier, de clarifier et d'assouplir le cadre législatif de ces modifications, quelle que soit la procédure d'AMM.

Les modifications apportées aux médicaments peuvent être classées en différentes catégories, selon le niveau de risque pour la santé publique ou animale et selon les répercussions sur la qualité, la sécurité et l'efficacité du médicament concerné. Il existe 3 modifications définies dans le règlement 1234/2008 :

- modification mineure de type IA : toute modification dont les répercussions sur la qualité, la sécurité ou l'efficacité du médicament concerné sont minimales ou nulles.
- modification majeure de type II : toute modification qui n'est pas une extension et qui est susceptible d'avoir des répercussions significatives sur la qualité, la sécurité et l'efficacité du médicament concerné.
- modification mineure de type IB : toute modification qui ne constitue ni une modification mineure de type IA ni une modification majeure de

type II ni une extension.

Remarque : une extension est définie dans l'annexe 1 de ce règlement : modification de la (des) substance(s) active(s), modification du dosage, de la forme pharmaceutique et de la voie d'administration.

Ces définitions étant peu précises quant à la nature exacte de la modification, une liste de ces dernières a été publiée par la Commission Européenne (prévu par l'article 4 du règlement 1234/2008) pour savoir quels changements correspondent à quels types de modifications : « Communication de la Commission — Lignes directrices concernant les caractéristiques des différentes catégories de modifications des termes d'une autorisation de mise sur le marché pour des médicaments à usage humain et des médicaments vétérinaires ». Il sépare donc les changements :

- Modifications administratives,
- Modifications qualificatives,
- Modifications concernant la sécurité, l'efficacité et la pharmacovigilance et
- Modifications spécifiques dans les dossiers permanents du plasma et les dossiers permanents de l'antigène vaccinant.

Dans chacune de ces catégories, une relation avec le type de modification sera stipulée ainsi que les conditions à remplir et les documents à fournir.

Exemple :

A.4. Changement du nom et/ou de l'adresse du fabricant (y compris, le cas échéant, des sites de contrôle de qualité) ou du fournisseur d'une substance active, d'une matière première, d'un réactif ou d'une substance intermédiaire utilisé(e) dans la fabrication de la substance active (si précisé dans le dossier du produit), lorsque le dossier approuvé ne comporte pas de certificat de conformité à la pharmacopée européenne	Conditions à remplir	Documents à fournir	Type de procédure
	1	1, 2, 3	IA

Conditions
1. Le site de fabrication et toutes les opérations de fabrication restent les mêmes.

Documents à fournir
1. Un document officiel émanant d'un organisme officiel compétent (p. ex. Chambre de commerce) faisant apparaître le nouveau nom et/ou la nouvelle adresse.
2. Version modifiée de la ou des sections concernées du dossier (dans le format UE-DCT ou le format de l'avis aux demandeurs, volume 6B, pour les médicaments vétérinaires, selon le cas).
3. En cas de changement dans le nom du titulaire du dossier permanent de la substance active, une «lettre d'accès» actualisée.

Illustration 1 : Exemple d'une modification administrative

Cet exemple notifie le type de procédure à réaliser par rapport à la modification. En effet, pour chaque type de changement correspondra un type de procédure.

Ces procédures sont précisées dans le règlement 1234/2008 selon la façon dont le médicament a été mis sur le marché (centralisée, etc.). Concernant la soumission du dossier pour chaque type de modification ainsi que le calendrier d'évaluation il faut suivre d'autres lignes directrices : « Communication de la Commission — Lignes directrices sur le déroulement des procédures visées aux chapitres II, III et IV du règlement (CE) n° 1234/2008 de la Commission concernant l'examen des modifications des termes d'une autorisation de mise sur le marché de médicaments à usage humain et de médicaments vétérinaires ».

D'après l'annexe II du règlement 1234/2008, est considéré comme une modification de type II, les modifications significatives du résumé des caractéristiques du produit en raison, en particulier, de nouveaux résultats au niveau clinique, préclinique, qualité ou de pharmacovigilance. Une modification du rapport bénéfice/risque correspond bien évidemment à une modification pouvant avoir des répercussions significatives sur la qualité, la sécurité et l'efficacité du médicament concerné.

5 Conclusion

Cette partie permet de mettre en évidence que la balance bénéfice – risque est au cœur de toutes les phases de mise et de maintien sur le marché des médicaments. En effet, il est indispensable d'avoir une idée précise de ce rapport à chaque instant de la vie du médicament. Pour l'obtention de l'AMM, les études cliniques permettent de récolter les informations nécessaires pour établir un profil de l'efficacité et des risques de la substance. Alors que pour le maintien, ce sont plutôt les rapports de pharmacovigilance qui vont donner des informations quant à ses bénéfices et ses risques mais également les avancées scientifiques. Cette évaluation constante doit être faite de la manière la plus rigoureuse possible. Malgré tout, des scandales pharmaceutiques voient le jour régulièrement alors qu'une législation stricte existe. Dans un contexte européen, comment ces scandales ont – ils fait et continuent – ils de faire évoluer la législation ?

2ème Partie : Histoire de l'Europe, scandales pharmaceutiques et évolution de la législation européenne du médicament

2ème Partie : Histoire de l'Europe, scandales pharmaceutiques et évolution de la législation européenne du médicament

Cette partie permet de mettre en évidence la synergie des scandales pharmaceutiques et de l'envie de créer une Europe dans l'évolution de la législation concernant les médicaments à usage humain.

1 De l'idée d'une Union Européenne à la première directive pharmaceutique européenne

Il aura fallu attendre l'effondrement total de l'Europe, le déclin politique et économique, après la seconde guerre mondiale, pour voir émerger un renouveau et relancer l'idée d'un nouvel ordre européen. La création de l'Union Européenne commence par la déclaration du 9 mai 1950, du ministre français des affaires étrangères, Robert Schuman, qui a élaboré avec Jean Monnet une façon d'unifier l'industrie européenne du charbon et de l'acier en créant la Communauté européenne du charbon et de l'acier. L'idée d'une « Europe organisée et vivante », « indispensable à la civilisation » et sans laquelle « la paix mondiale ne saurait être sauvegardée » ressort de ce plan Schuman qui voit le jour le 18 avril 1951 par le Traité de Paris. Les États membres doivent renoncer en partie à leur souveraineté au profit de cette Union qu'il faut encore doter de pouvoirs propres et indépendants [4].

Sur le plan pharmaceutique, les différents pays européens possèdent des contrôles instables sur les produits pharmaceutiques : un acquis scientifique ou expérimental, un changement de contexte politique ou un accident peuvent jouer sur les formes de surveillance des produits conduites par les pouvoirs publics comme sur les pratiques de contrôle par les industriels. Ainsi, la réalisation d'un objectif de sécurité optimale en matière de produits pharmaceutiques résulte des rapports de force entre les différents acteurs concernés par la production et la consommation de médicaments. Il convient alors de rechercher en quoi l'évolution de ces rapports a pu jouer sur les formes du contrôle des produits pharmaceutiques, sur les finalités de ce contrôle et en particulier la réalisation de formes de sécurité sanitaire en matière de médicament [5].

L'évolution de ces rapports commence dans les années 50 avec la découverte de la notion de risque thérapeutique lié à la prise de médicaments. Elle est révélée, auprès du grand public, par des accidents graves comme le Stalinon® en France ou le Thalidomide® à l'échelle mondiale.

Le pharmacien Georges Feuillet développe le Stalinon® en 1952. Ce nouveau produit est destiné au traitement de la furonculose et d'autres maladies infectieuses bénignes.
Il transmet quelques grammes au Laboratoire National de Contrôle des Médicaments (LNCM) qui réalise des tests de toxicologie. Il présente le Stalinon® comme une extension d'une formule ancienne, la Stannomaltine (dont l'exploitation est abandonnée). Les essais cliniques sont réalisés sur huit malades du service d'un l'hôpital militaire dont le responsable est le Pr Mougenot, un ami du pharmacien. Le dossier est soumis au Comité Technique des Spécialités (CTS) qui émet un avis favorable à la modification de formule sollicitée. En 1954 des malades traités avec le nouveau produit sont atteints d'encéphalite sans fièvre. Il s'en suivra cent décès et cent – dix – sept intoxications avec de lourdes séquelles paralytiques. L'enquête

juridique s'achève au printemps 1957. Le procès soulève quatre registres de fautes : les fautes et insuffisances dans la conception et la fabrication ; les négligences face « aux alertes » adressées au fabricant par le laboratoire de contrôle ; les fautes dans l'autorisation de la vente (le visa) et de la surveillance ; et les dysfonctionnements du « système » de production et de régulation pharmaceutique en vigueur.

Il devient donc essentiel de réformer la législation concernant les produits pharmaceutiques, d'autant plus que la France entre dans la Communauté Économique Européenne en 1957. La France procède donc à des réformes afin de protéger la santé publique en évitant la mise sur le marché de médicaments insuffisamment étudiés. La France réforme également son système de brevet [6].

Parallèlement à la catastrophe du Stalinon® les centres allemands de néonatologie assistent en 1959 à une augmentation du nombre de nouveau-nés porteurs de malformations.

En effet, les laboratoires « Chemie Grünenthal » testent le Thalidomide et découvrent de manière inattendue, que les sujets ressentent une grande somnolence sans observer aucun effet secondaire, même à forte dose, chez les animaux. En conséquence, le produit est proposé comme sédatif et anti – nauséeux, notamment chez les femmes enceintes afin de palier au problème des barbituriques, qui en cas de surdosage, sont dangereux. Ils sont à cette époque les seuls somnifères sur le marché. Il devient le troisième médicament le plus vendu en Europe, une douzaine de compagnies le commercialise dans quarante – six pays.

Widukind Lenz, généticien et pédiatre, découvre, au début de l'année 1962, l'unique caractéristique commune entre nouveau-nés atteints de phocomélies et prise de médicament en début de grossesse : le Thalidomide®. Après des affrontements avec les laboratoires, ces derniers ne peuvent plus nier et doivent retirer le produit du marché. La France est relativement épargnée car, des suites de l'affaire du Stalinon®, l'autorisation de mise sur le marché n'est donnée qu'après des études approfondies. Il faudra donc plus de temps à la France pour le commercialiser, au moment même où les premiers échos sur le risque tératogène parviennent d'Allemagne. Il sera immédiatement retiré du marché.

Les conséquences du Thalidomide® sont une atteinte de plus de vingt milles fœtus dont une partie sont mort avant la naissance ; les enfants ayant survécu ont pour un peu moins de la moitié succombé au cours des premiers mois. Il y a encore cinq milles victimes, aujourd'hui quadragénaires ; le nombre de victimes total généralement annoncé est de douze mille [7].

L'Europe évolue pendant ce temps, avec tout d'abord la création de la Communauté économique européenne et la Communauté européenne de l'énergie atomique le 25 mars 1957, par le Traité de Rome. Leurs activités débutent au 1er janvier 1958 [4]. Ce traité met en place un marché unique, avec une libre circulation des personnes, des capitaux, des services et des marchandises ainsi que la création d'une union douanière [8]. L'Europe crée un marché intérieur et redéfinit la frontière qui n'est plus unilatérale mais plutôt une zone d'échange. La conséquence d'une telle liberté pour le médicament est qu'il est considéré comme une marchandise et peut donc circuler librement dans cet espace malgré l'absence de réglementation commune le concernant.

De plus, l'Europe se dote d'une institution spécialisée dans la pharmacie par la Convention relative à l'élaboration d'une Pharmacopée européenne. Elle sera ouverte à la signature, en 1964. L'Organisation Mondiale de la Santé (OMS) et la Communauté européenne en deviennent les observateurs [9].

En 1965, suite au différents scandales pharmaceutiques qui ont marqué l'Europe et notamment conformément à l'article 100 du traité instituant la CEE « Le Conseil, statuant à l'unanimité sur proposition de la Commission et après consultation du Parlement européen et du Comité économique et social, arrête des directives pour le rapprochement des dispositions législatives, réglementaires et administratives des États membres qui ont une incidence directe sur l'établissement ou le fonctionnement du marché commun.»[8] s'en suit la rédaction d'une directive « concernant le rapprochement des dispositions législatives, réglementaires et administratives, relatives aux spécialités pharmaceutiques » : la directive 65/65/CEE. Cette directive concerne les États membres suivants : la France, la République fédérale d'Allemagne, l'Italie, la Belgique, les Pays-Bas, le Luxembourg et a pour but la sauvegarde de la santé publique sans freiner le développement de l'industrie pharmaceutique et les échanges de produits pharmaceutiques au sein de la Communauté. Elle oblige les fabricants à faire une demande d'autorisation de mise sur le marché, auprès des autorités compétentes de leur État, qui devra contenir un ensemble de renseignements nécessaires pour se voir accepter la demande. Cette directive permet une première harmonisation européenne sur la fabrication, la vente, la présentation des médicaments mais définit également les responsabilités, par l'article 9 de la directive 65/65 : « L'autorisation ne porte pas atteinte à la responsabilité de droit commun du fabricant et, le cas échéant, du responsable de la mise sur le marché. ».

2 Du Distilbène à la chute du mur de Berlin

Malheureusement, bien que les affaires du Stalinon® et du Thalidomide® aient été des événements majeurs dans la construction de la législation pharmaceutique au niveau Européen, d'autres médicaments vont faire parler d'eux dans les années soixante – dix.

Tout d'abord l'affaire du Distilbène®, œstrogène de synthèse, commercialisé en 1948 en France et dans le reste du monde. Destiné aux femmes enceintes à risque de fausse couche ou d'accouchement prématuré, il sera responsable de cancers vaginaux chez les enfants des mères ayant été sous Distilbène®. On estime à cent – soixante mille le nombre de personnes concernées par ces risques de cancer. Il a fallu attendre 1971 pour que les États-Unis le retirent du marché et 1977 pour la France. Plusieurs alertes ont pourtant été données en 1953 pour contester son efficacité puis en 1971 où des risques de cancer sont évoqués [10].

En 1972 en France, la mort inexpliquée de plusieurs nourrissons attire l'attention des autorités. Des cas d'encéphalites se répandent, dues à l'utilisation du talc Morhange. Au total c'est plus de deux cents enfants atteints, trente – six décès, les autres gardant des séquelles neurologiques irréversibles. Une erreur de manipulation a été commise dans l'usine de conditionnement car de l'hexachlorophène (puissant agent bactéricide) s'est mélangé à du talc [11].

Subséquemment au scandale du talc de Morhange, l'Europe s'élargit au 1er janvier 1973 avec l'adhésion du Danemark, de l'Irlande et du Royaume-Uni [3] et les directives 75/318/CEE et 75/319/CEE viennent conforter la directive de 1965. Ces dernières ont pour but d'apporter des précisions quant aux normes et protocoles analytiques, toxico-pharmacologiques et cliniques en matière d'essais de spécialités pharmaceutiques. Ces directives sont indispensables à l'application de la directive 65/65/CEE car elles harmonisent les outils pratiques nécessaires à l'élaboration d'une demande de mise sur le marché. Elles détaillent les renseignements à fournir de l'article 4 de la directive 65/65/CEE (contrôles de la matière première, des intermédiaires, des produits finis, les essais cliniques, etc.). Afin de faciliter l'harmonisation sur les demandes d'Autorisation de Mise sur le Marché, un « comité » des spécialités pharmaceutiques est institué dans la Directive 75/319/CEE. Ce « comité » est composé des représentants des États membres et de la Commission et donne un avis sur la conformité d'une spécialité pharmaceutique.

Durant les dix années suivant ces événements, aucun incident majeur n'est à déplorer. Pendant cette période, la Grèce entre dans la CEE le 1er janvier 1979, ce qui porte le nombre de pays au sein de la communauté à 10 et la directive 81/851/CEE du Conseil, du 28 septembre 1981, concernant le rapprochement des législations des États membres relatives aux médicaments vétérinaires est adoptée.

Le 14 juin 1985, Jacques Delors transmet au Conseil un projet d'accord connu sous le nom de « Livre blanc » visant à achever le marché intérieur. Ce "Livre blanc", présenté par la Commission, contient près de trois – cent – dix mesures qui visent à stimuler la reprise économique, à assurer les libertés de circulation des individus, des biens, des services et des capitaux et à réunir les marchés nationaux en un marché unique pour le 31 décembre 1992 au plus tard. Ce texte aboutit à la signature de l'Acte unique en février 1986 [12].

Le SIDA est apparu en 1981 sur la côte Ouest des États-Unis mais il reste d'origine infectieuse inconnue. Il faudra attendre que Robert Gallo « redécouvre » le même virus en 1984. La preuve de la responsabilité du virus dans la transmission du sida d'un individu à l'autre ne sera apportée, sur le plan épidémiologique, qu'en 1985. L'affaire du sang contaminé prend une ampleur politique en France, car il est estimé que les autorités ont tardé à mettre en circulation des tests de dépistage du SIDA, ce qui aurait rendu plus sûres les transfusions sanguines. De plus, les collectes de sang étaient réalisées dans des lieux dits à « risques ». Selon les données, deux cent trente – deux patients transfusés entre le 20 mars et le 1er août 1985 ont été contaminés par le virus du SIDA. Puis entre le 1er août et le 31 décembre 1985, on compte une quarantaine de contaminations [13].

Un autre scandale survient pendant cette période, celui de l'hormone de croissance contaminée qui a tué à ce jour cent quinze personnes et nul ne peut prédire si d'autres, parmi les quelques huit cents sujets traités entre 1983 et 1985, succomberont. L'histoire commence dans les années 1960, où une hormone est extraite de l'hypophyse prélevée sur des cadavres : l'hormone de croissance. Elle représente pour les enfants atteints d'une certaine forme de nanisme l'espoir de gagner les quelques centimètres qui changeraient leur vie. Une association est créée en 1973 à Paris : France Hypophyse, qui a pour but de collecter les glandes, centraliser la production (avec l'Institut Pasteur) et la distribution du médicament (avec la pharmacie centrale des hôpitaux). Cette organisation est spécifiquement française. En 1984 et 1985, des cas de maladie de Creutzfeldt-Jakob ont conduit les États-Unis, puis le Royaume-Uni, à mettre rapidement un terme à l'utilisation de l'hormone de croissance. Il n'en fut rien dans l'Hexagone. Il faudra attendre 1988, pour qu'une hormone de synthèse remplace le produit extrait de glandes prélevées sur des cadavres. Malheureusement il est trop tard car en décembre 1991, les parents d'Yliassyl, un enfant emporté par la maladie de Creutzfeldt-Jakob après avoir reçu de l'hormone de croissance depuis 1983, déposent une plainte en se constituant partie civile. Les décès se succèdent, à raison d'une dizaine chaque année. L'enquête judiciaire et un rapport de l'Inspection générale des affaires sociales (daté de 1992) mettent au jour, selon l'accusation, de graves dysfonctionnements autour de France

Hypophyse. La méthode employée (spécificité française) permettait de séparer l'hypophyse (accessible par le nez) du cerveau sans ouvrir le crâne, mais elle présentait l'inconvénient de prélever de la matière cérébrale potentiellement sur contaminée par le prion. Au banc des prévenus, sept médecins ou scientifiques répondent d'homicides involontaires et, pour la plupart, de «tromperie aggravée» [14].

Pendant ce temps, l'Espagne et le Portugal adhèrent à la Communauté économique européenne le 1er janvier 1986 [4] et une nouvelle directive, la directive 87/21/CEE vient harmoniser la forme de l'Autorisation de Mise sur le Marché en modifiant une partie de l'article 4 de la directive 65/65/CEE. De plus, cette même année une directive est publiée concernant la mise sur le marché des médicaments de haute technologie, la directive 87/22/CEE du Conseil du 22 décembre 1986 portant le rapprochement des mesures nationales relatives à la mise sur le marché des médicaments de haute technologie, notamment ceux issus de la biotechnologie. Un peu plus tard en 1989, plusieurs directives viennent compléter celles de 1965 et de 1975 en prévoyant des dispositions complémentaires pour les vaccins, les médicaments radio pharmaceutiques et les médicaments dérivés du sang : la directive 89/342/CEE du Conseil du 3 mai 1989 élargissant le champ d'application des directives 65/65/CEE et 75/319/CEE et prévoyant des dispositions complémentaires pour les médicaments immunologiques consistant en vaccins, toxines, sérums ou allergènes ; la directive 89/343/CEE du Conseil du 3 mai 1989 prévoyant des dispositions complémentaires pour les médicaments radio pharmaceutiques ; la directive 89/381/CEE du Conseil du 14 juin 1989 prévoyant des dispositions spéciales pour les médicaments dérivés du sang ou du plasma humain. Cette dernière fait suite à l'affaire du sang contaminé mais la volonté de créer une Europe forte liée à ces scandales provoquent un effet synergique et voit la législation européenne du médicament s'étoffer.

Parallèlement à cette évolution, le 9 novembre 1989, le monde assiste à la chute du mur de Berlin. L'Allemagne hérite d'un territoire ayant connu des années de communisme et dont l'économie est quasi-inexistante. Cet événement est un tournant pour l'un des pays fondateur de la CEE mais ne freine en rien sa poursuite de l'objectif envers l'Europe.

3 De l'Union Européenne à la directive 2001/83/CE

La création de l'Union Européenne, par le Traité de Maastricht, scelle la fin de la Communauté économique européenne. Signé le 7 février 1992 à Maastricht, il n'entre en vigueur que le 1er novembre 1993 et marque un rapprochement plus fort entre les différents pays de l'Union, c'est un premier pas vers un ordre constitutionnel européen définitif. L'Europe se dote d'encore plus de pouvoir et accélère la création de textes concernant les médicaments. En effet, en 1992, plusieurs directives voient le jour, notamment la directive 92/25/CEE du Conseil du 31 mars 1992 concernant la distribution en gros des médicaments à usage humain, la directive 92/26/CEE du Conseil du 31 mars 1992 concernant la classification en matière de délivrance des médicaments à usage humain, la directive 92/27/CEE du Conseil du 31 mars 1992 concernant l'étiquetage et la notice des médicaments à usage humain, la directive 92/28/CEE du Conseil du 31 mars 1992 concernant la publicité faite à l'égard des médicaments à usage humain et la directive 92/73/CEE du Conseil du 22 septembre 1992 élargissant le champ d'application des directives 65/65/CEE et 75/319/CEE concernant le rapprochement des dispositions législatives, réglementaires et administratives relatives aux médicaments et fixant des dispositions complémentaires pour les médicaments homéopathiques.

Ces directives contribuent toujours à l'harmonisation entre les différents pays mais reclassent également le statut des distributeurs en gros, etc.

Un règlement très important est publié en 1993, le règlement n°23 09/93 du conseil du 22 juillet 1993 établissant des procédures communautaires pour l'autorisation et la surveillance des médicaments à usage humain et à usage vétérinaire et instituant une agence européenne pour l'évaluation des médicaments.

Tout d'abord, ce règlement impose que les médicaments de haute technologie doivent être évalués par concertation pour rendre une décision uniforme pour toute la Communauté. Ces médicaments devront dorénavant être mis sur le marché par une procédure communautaire centralisée d'autorisation. Cette procédure est également accessible pour la mise sur le marché de nouvelles substances. L'évaluation scientifique unique (critères : sécurité, efficacité, qualité) sera effectuée par l'agence européenne pour l'évaluation des médicaments selon les critères cités dans les précédentes directives et devront être du plus haut niveau. Il est prévu qu'en cas de désaccord entre les États membres à propos de la qualité, de l'efficacité ou de la sécurité d'un médicament soumis à la procédure décentralisée, le problème doit être résolu par une décision communautaire contraignante fondée sur une évaluation scientifique des questions en cause. Ce règlement montre l'attachement de l'UE à prendre des décisions communes après des réflexions où tous les pays interviennent. À noter que l'agence a pour tâche de fournir un avis scientifique aux institutions de la Communauté ainsi qu'aux États membres en matière d'autorisation et de surveillance des médicaments. De plus, la responsabilité exclusive de la préparation des avis de l'agence sur toutes les questions relatives aux médicaments à usage humain doit être confiée au comité des spécialités pharmaceutiques (CPMP ; institué dans la directive 75/319/CEE). Pour les médicaments vétérinaires, cette responsabilité doit être confiée au comité des médicaments vétérinaires

(CVMP ; institué par la directive 81/851/CEE).

Ces procédures sont donc en accord avec un marché unique, cité dans le « Livre blanc » de Jacques Delors mais sont également une réponse à tous les scandales pharmaceutiques.

La Commission de l'Union européenne (UE) et le Conseil de l'Europe ont décidé, le 26 mai 1994, de créer un réseau de laboratoires officiels de contrôle des médicaments (OMCL). Ce réseau représentait une nouvelle collaboration dans le domaine du contrôle de la qualité des médicaments à usage humain et vétérinaire présents sur le marché. En 1995, la DEQM a accepté cette nouvelle responsabilité et a mis le réseau en place ultérieurement (en 1996). Les activités du Réseau sont en partie financées par la Commission Européenne [15]. L'Europe se donne donc les moyens de contrôler la qualité des médicaments sur le marché, qualité qu'elle impose aux fabricants. De plus, l'agence européenne pour l'évaluation des médicaments (EMEA) devient opérationnelle le 1er janvier 1995. Elle fait partie intégrante des agences européennes, et est basée à Londres [16]. L'UE attire et s'étend encore dans cette même année avec l'adhésion de la Finlande, de l'Autriche et de la Suède [4].

Malgré toutes les dispositions et les précautions prises, des scandales éclatent toujours comme l'affaire de l'Isoméride®, commercialisé par les laboratoires Servier en France à partir de 1985. Cette molécule présente des propriétés anorexigènes et son efficacité lui permet d'être prescrit à des personnes obèses tout comme à des patients voulant perdre quelques kilos. Il faut attendre 1990 pour que des médecins de l'hôpital Béclère de Clamart lancent une alerte sur le nombre élevé d'hypertensions artérielles pulmonaires chez les patients prenant ce médicament. Il est retiré des préparations magistrales en 1995 mais ce n'est qu'en 1997 qu'il est retiré du marché. En effet, la dexfenfluramine, molécule de l'Isoméride®, est toxique pour le cœur et provoque des valvulopathies. Sachant que 7 à 10 millions de français ont pris cette molécule, les laboratoires Servier ont été condamné à indemniser plusieurs victimes de l'Isoméride® [17].

L'Europe essaie de répondre à ses différentes difficultés, pas uniquement sur le plan de la santé mais sur le plan socio – économique en signant le 2 octobre 1997 le Traité d'Amsterdam. Il permet entres autres d'améliorer l'importance accordée aux droits de l'Homme et la lutte contre le chômage et le rôle des services d'intérêt économique général. Les dix années qui ont suivi le Traité de Maastricht ont vu les États membres de l'Union économique et monétaire adapter leurs économies aux "critères de convergence" : maîtrise de l'inflation, équilibre budgétaire, limitation des déficits publics et stabilité des taux de change entre les pays de la zone. Quelques années plus tard, le 1er janvier 1999, l'euro est officiellement adopté comme monnaie unique. Pour les consommateurs, la découverte des nouveaux billets et pièces a lieu le 1er janvier 2002 [18].

Un exemple qui met en avant l'évolution de la législation en Europe concernant les médicaments est la prise de décision par les autorités européennes de retirer du marché tous les anorexigènes amphétaminiques en 1999. D'après eux, au vu des faibles bénéfices pour la santé de ces substances, par rapport aux risques qu'elles entraînent, il est préférable de les retirer. Ces médicaments étant des « coupe-faims », et comme tous les amphétaminiques, pouvaient créer une dépendance ; or des études ont prouvé que les prendre à long terme augmente le risque d'hypertension artérielle pulmonaire primitive et d'atteinte cardiaque. "Ces anorexigènes ont été prescrits en excès, à des personnes qui n'étaient pas obèses et n'avaient que 2 ou 3 kilos à perdre. Dans ces cas-là, les bénéfices sont trop peu importants par rapport à leurs risques pour la santé", explique le Dr Xavier Jacques, pharmacien [19].

Du fait du grand nombre de directives émanant de l'UE concernant les médicaments à usage humain, preuve de son implication, il a été nécessaire en 2001, par soucis de clarté et de rationalité, de rassembler ces textes en une directive unique : la directive 2001/83/CE du Parlement européen et du Conseil du 6 novembre 2001 instituant un code communautaire relatif aux médicaments à usage humain. Il en est de même pour les médicaments vétérinaires avec la directive 2001/82/CE du Parlement européen et du Conseil du 6 novembre 2001 instituant un code communautaire relatif aux médicaments vétérinaires. De plus, une directive concernant le rapprochement des dispositions législatives, réglementaires et administratives des États membres relatives à l'application de bonnes pratiques cliniques dans la conduite d'essais cliniques de médicaments à usage humain est crée avec la directive 2001/20/CE du Parlement européen et du Conseil du 4 avril 2001. Ces nouvelles directives sont présentées comme une étape importante dans la réalisation de l'objectif de la libre circulation des médicaments.

Le comité des médicaments orphelins (COMP), chargé de l'examen pour l'EMEA des demandes de désignation déposées par des personnes physiques ou morales souhaitant développer des médicaments destinés au traitement de maladies rares, les «médicaments orphelins», a été créé en 2001 [16]. Ce comité montre que l'UE veut contrôler tous les médicaments et prouve, une fois de plus, son implication dans ce domaine.

Mais les scandales n'en finissent pas. Dans la même année l'Afssaps (Agence française du médicament) et les autres agences européennes ont décidé de contre indiquer l'association cérivastatine (STALTOR® et CHOLSTAT®) et gemfibrozil (LIPUR®). La cérivastatine est une molécule contre le cholestérol, commercialisée en 1998 par Bayer (pour Staltor®) et Fournier (pour Cholstat®). Une étude visait à renforcer l'information sur les atteintes musculaires déjà signalées dans le résumé des caractéristiques du produit et la notice patient de l'autorisation de mise sur le marché. En août 2001, après avoir mené des études en interne, le laboratoire Bayer retire son médicament du marché mondial (sauf au Japon). Bien que ne disposant pas des études justifiant sa décision, l'Afssaps retire immédiatement les spécialités contenant cette statine du marché. La cérivastatine a été reconnue comme étant à l'origine de cinquante-deux décès et de plus d'un millier de graves lésions musculaires. Des lésions parfois associées à une insuffisance rénale aiguë [20].

4 L'élargissement continue et les scandales s'accélèrent

La chute du Rideau de fer a rapidement soulevé la question des rapports entre l'Union européenne et les pays libérés du joug soviétique. Les Quinzes ont finalement opté pour une intégration à part entière de ces pays dans l'Union. Le Traité de Nice, entré en vigueur le 1er février 2003 avait pour objectif de sauvegarder le pouvoir d'action de l'UE dans une Union élargie [4]. Le plus grand élargissement jamais envisagé concernait à l'origine dix pays d'Europe centrale et orientale auxquels s'ajoutaient les îles méditerranéennes de Chypre et Malte. Sur les douze pays en lice, seuls dix adhèrent à l'UE le 1er mai 2004 : Chypre, l'Estonie, la Hongrie, la Lettonie, la Lituanie, Malte, la Pologne, la République tchèque, la Slovaquie et la Slovénie [18].

La réglementation européenne s'est renforcée en 2004, en réponse à un tel changement de l'Europe. Dans le domaine pharmaceutique, il faut garantir un niveau élevé et homogène de qualité, d'efficacité et de sécurité des produits de santé sur tous les territoires. La nouvelle législation concernant l'harmonisation des procédures d'enregistrement, publié en avril 2004, répond à l'élargissement de l'Europe en prenant en compte l'avancée de la science, des biotechnologies et la compétitivité des industries pharmaceutiques. Le règlement 2309/93/CE est remplacé par le règlement 726/2004/CE du Parlement européen et du Conseil du 31 mars 2004 établissant des procédures communautaires pour l'autorisation et la surveillance en ce qui concerne les médicaments à usage humain et à usage vétérinaire, et instituant une Agence européenne (pour l'évaluation) des médicaments. La procédure décentralisée est créée, des modifications dans l'organisation de l'Agence européenne des médicaments sont prévues, dont la simplification du nom.

Les industriels sont soumis à des contrôles de plus en plus fréquents et de plus en plus poussés. C'est pour cela que des scandales sont mis en lumière comme le rofécoxib (Vioxx®), un anti-inflammatoire non stéroïdien utilisé notamment contre l'arthrose et la polyarthrite rhumatoïde. Il a été autorisé en France en 1999, date à laquelle Merck a lancé une étude baptisée Vigor. Elle était censée démontrer une absence d'effets secondaires digestifs, contrairement aux effets des anti-inflammatoires déjà présents sur le marché. Il a été reproché aux auteurs de cette étude leur proximité avec Merck et surtout d'avoir omis de préciser un nombre d'accidents cardiovasculaires plus élevé chez les patients sous rofécoxib. D'autres études ont confirmé un risque élevé d'infarctus et d'accident vasculaire cérébral, si bien qu'en 2004, le laboratoire Merck décide de retirer le Vioxx® du marché [21]. C'est aussi en 2004 qu'est créé le comité des médicaments à base de plantes (HMPC) qui émet des avis scientifiques sur les médicaments traditionnels à base de plantes pour l'EMEA [16].

Les années 2006 et 2007 sont marquées respectivement par les scandales des extraits thyroïdiens et d'Acomplia®.
Un scandale éclate lorsqu'une personne décède et que 17 autres sont hospitalisées après une intoxication due à la prise de gélules minceur

préparées en pharmacie à base d'extraits thyroïdiens. Le ministre de la Santé de l'époque, Xavier Bertrand, a saisi l'Afssaps qui a aussitôt interdit "l'importation, la préparation, la prescription et la délivrance de préparations magistrales, officinales et hospitalières contenant de la poudre de thyroïde". Cette interdiction concerne les préparations destinées à maigrir alors que ces substances sont encore autorisées pour d'autres médicaments (destinés à traiter l'hypothyroïdie par exemple). Les effets secondaires des extraits thyroïdiens sont lourds : nervosité, sueurs, palpitations et troubles cardiaques mortels. "Ils ont été interdits car les bénéfices qu'ils apportent ne sont pas assez importants par rapport aux risques pour la santé qu'ils entraînent" [22]. Acomplia® était une préparation du laboratoire Sanofi-Aventis, vendue en France dès mars 2007. Très médiatisée, elle a pour indication officielle de faire perdre du poids aux personnes obèses ou aux personnes en surpoids (ayant des troubles du diabète de type 2). En juillet 2007, Acomplia® (rimonabant) est contre-indiqué en cas de dépression avec ou sans prise d'antidépresseurs. Les résultats des études de pharmacovigilance lancées au début de sa mise sur le marché font rapidement pencher la balance bénéfice – risque du médicament du mauvais côté. Acomplia® est retiré du marché en octobre 2008 par l'Afssaps et l'Agence européenne du médicament. Les autorités américaines, plus prudentes, ne l'ont jamais autorisé par manque de preuves d'innocuité du produit. Dix décès dus à ce médicament ont été rapportés, dont quatre suicides. "Le rimonabant fonctionne différemment des anorexigènes dangereux interdits en 1997, c'est pourquoi il a pu être autorisé"[23].

L'Europe des 27 est enfin constituée par l'adhésion de la Roumanie et de la Bulgarie le 1er janvier 2007.

Le 13 décembre 2007, l'ensemble des États membres signe un traité, à

Lisbonne, dénommé officiellement "Traité de Lisbonne". Ce traité apporte de nombreuses modifications institutionnelles majeures notamment l'élection du Président du Conseil européen pour deux ans et demi renouvelable ainsi que l'extension des pouvoirs du Parlement européen. Alors que la crise financière ébranle tous les États européens, depuis le 1er décembre 2009, le traité de Lisbonne s'applique au sein de l'Union Européenne et réforme substantiellement le processus de décision communautaire, le rendant plus efficace et plus démocratique [18]. L'Union Européenne, en plus de ses pays membres, entretien des échanges privilégiés avec d'autres pays voisins comme la Turquie. À l'heure actuelle, il existe des débats concernant des pays qui souhaitent sortir de l'UE, conséquences de la crise économique et de la montée des partis extrémistes dans les différents pays. Mais la sécurité, dans plusieurs domaines, qu'offre l'UE à ses membres, lui permet de rester très attractive et d'autres pays souhaitent y adhérer.

Les échanges concernant les médicaments augmentent au sein de l'Union Européenne via l'Agence du médicament mais ces échanges s'améliorent également concernant les agences du médicament du monde entier. Un exemple le démontre avec l'affaire des héparines contaminées. L'histoire débute le 9 janvier 2008 lorsque le centre de contrôle et de prévention des maladies (CDC : Centers for Disease Control) du Missouri est alerté sur des cas de réactions allergiques sévères après administration d'héparine dans un hôpital. Ce centre alerte la FDA (FDA : Food and Drug Administration ; Agence américaine du médicament) et le laboratoire pharmaceutique Baxter Health Care Corporation, fournisseur des héparines. Les lots ont été retirés du marché au États – Unis. De tels effets indésirables ont été également observés en Allemagne [24]. L'agence française (Afssaps) émet un communiqué, le 9 avril 2008 : « Des effets indésirables graves (de nature allergique) ont été observés aux États – Unis et en Allemagne à la suite de l'administration intraveineuse d'héparine sodique, fabriquée à partir de matière première d'origine chinoise. Les analyses faites sur les lots concernés ont montré la présence d'une substance anormale (chondroïtine persulfatée)». L'agence décide de retirer les lots malgré qu'aucun effet indésirable n'ait été observé en France [25]. A ce jour, 81 décès ont été attribués à ces héparines. Devant ce scandale, l'efficacité de l'assurance qualité est clairement remise en question. Mais cet exemple montre bien les échanges entre les différents pays de l'Union et d'autres pays, comme les États – Unis ainsi que l'action préventive des autorités.

Le Di-Antalvic® (ou Propofan®) est un médicament contre la douleur associant du paracétamol à une substance : le dextropropoxyphène. Vendu pour la première fois en France en 1964, le Di-Antalvic® est retiré progressivement du marché à partir de 2009, lorsque l'agence européenne du médicament décide de supprimer tous les médicaments contenant du dextropropoxyphène. En effet, les 65 décès par an qu'il provoquait étaient considérés par l'organisme comme un chiffre faible par rapport au nombre de personnes sous traitement (chiffre : Afssaps). De plus, la plupart de ces décès seraient dus à des intoxications volontaires (suicides). "Ce médicament n'était pas toxique s'il était utilisé suivant son indication et sa posologie. Il a été retiré car pris à forte dose, il est mortel. Toutefois, les médicaments qui sont mortels à forte dose sont nombreux". En cas de surdosage, le dextropropoxyphène provoque une atteinte cardiaque et respiratoire pouvant être mortelle [26]. L'affaire du Di – Antalvic® met en évidence que même en cas de mésusage, les médicaments peuvent être retirés du marché. La protection des patients devient une priorité absolue.

Un détail dans son histoire mais qui montre tout de même que l'Europe souhaite moderniser et asseoir l'agence avec à la fin de l'année 2009, pour des raisons pratiques, la modification de la charte graphique ainsi que de son acronyme. L'EMEA devient l'EMA, mais le nom reste identique : European

Medicines Agency.

Le Médiator® est devenu tristement célèbre en 2009. Le benfluorex est une substance découverte par le laboratoire Servier et qui a été commercialisée en France entre 1976 et 2009. Il s'agit d'un anorexigène, autorisé alors comme adjuvant au régime réservé aux personnes diabétiques en surcharge pondérale. La France interdit la préparation magistrale contenant du benfluorex en 1996. L'Isoméride, vu précédemment, est retiré du marché en 1997 alors que la molécule est de la même famille que le benfluorex, toujours sur le marché. La Suisse interdit le benfluorex en 1998 pendant que l'Agence française émet simplement des inquiétudes quant à son usage. Tous les anorexigènes sont retirés du marché en 1999, mais le Médiator®, ayant un mécanisme un peu différent, échappe à cette mesure. Ce médicament n'est retiré du marché qu'en 2009 après avoir provoqué entre 500 et 2000 décès par maladies cardiaques depuis 2006. Cinq millions de français ont été traité par du benfluorex. "En passant par le foie, le médicament crée une substance appelée norfenfluramine. Celle-ci provoque des valvulopathies cardiaques et des hypertensions artérielles pulmonaires". Les prescriptions abusives du médicament seraient responsables du nombre élevé de personnes touchées. Lorsque les autres anorexigènes ont été interdits à la vente, des médecins ont prescrit le benfluorex à leur place, à des personnes non diabétiques, pour les aider à perdre quelques kilos. "Cette indication n'était pas retenue par les autorités sanitaires, ces prescriptions se faisaient donc en dehors de tout cadre légal" [27]. Le rapport d'expertise judiciaire du 12 avril 2013 par la parquet de Paris conclut que le Médiator® aurait fait 220 à 300 morts à court termes dû à une valvulopathie et 1.300 à 1.800 à long terme [28]. Entre 3.100 et 4.200 hospitalisations pourraient être également dues à cette molécule pour insuffisance valvaire, toujours d'après ce rapport [29]. L'affaire Médiator® est encore loin d'être terminée.

Cette affaire montre tout de même les limites de l'Europe et de sa législation, en effet, des intérêts autres que la santé publique prend parfois le dessus. Beaucoup de personnes connaissaient le détournement fait de ce médicament, médecins, pharmaciens, autorités et laboratoire alors que personne ne l'a signalé, ou du moins trop tard. L'affaire Médiator® a créé un climat de suspicion généralisée sur le médicament. La France et l'Europe ont conclu à la nécessité de restaurer la confiance dans le système de sécurité sanitaire du médicament à usage humain [30]. Une nouvelle réglementation est donc obligatoire en matière de pharmacovigilance. Il suffit d'une année pour que l'Union Européenne publie la directive 2010/84/EU et le règlement (EU) n° 1235/2010 (adopté par le Parlement européen et le Conseil en décembre 2010) concernant la pharmacovigilance. La directive 2010/84/UE du Parlement européen et du Conseil du 15 décembre 2010 modifiant, en ce qui concerne la pharmacovigilance, la directive 2001/83/CE instituant un code communautaire relatif aux médicaments à usage humain. Cette nouvelle réglementation est accompagnée d'un règlement d'exécution (UE) n° 520/2012 de la Commission du 19 juin 2012 sur l'exécution des activités de pharmacovigilance prévues par le règlement (CE) n °726/2004 du Parlement européen et du Conseil et par la directive 2001/83/CE du Parlement européen et du Conseil. Ce dernier permet de détailler les opérations à suivre pour l'application de cette nouvelle réglementation. La législation a pour but de définir clairement les rôles et les responsabilités, de réduire au maximum la duplication d'effort, de rationaliser et de simplifier le rapport des effets indésirables (ADR : Adverse Drug Reaction) ainsi que le rapport de mise à jour périodique de sécurité (PSUR : Periodic Safety Update Report). Elle permet également d'établir un cadre légal clair concernant le contrôle de post – autorisation [31]. L'affaire du Médiator® a remis en question la pharmacovigilance en Europe, afin d'éviter tout accident futur. Il n'y a pas eu la « révolution sanitaire » annoncée car la plupart des mesures existaient déjà, il s'agit surtout d'un rappel pour rassurer les citoyens européens et mettre en garde les industriels. La réactivité des autorités européennes a été mise à l'épreuve dans ce cas, mais est – ce que ces mesures seront suffisantes ?

Comme il a été vu dans cette dernière affaire, les directives sont souvent amendées, afin de les affiner au mieux. La directive 2001/83 a donc été amendée plusieurs fois depuis sa publication, par des règlements et des directives.

Les scandales ne touchent pas toujours les médicaments comme nous l'avons déjà vu avec l'affaire du sang contaminé. L'Afssaps annonce le 29 mars 2010 qu'un taux de rupture précoce d'implants mammaires de la marque Poly Implant Prothèse® (PIP) est survenu quelques mois après l'implantation avec, pour certaines femmes, l'apparition de signes inflammatoires sur le sein. L'agence française décide donc de contrôler le laboratoire et remarque qu'il ne met plus dans les prothèses, le gel de silicone conforme a celui annoncé et validé pour le marquage CE (conformité européenne). De plus cette fraude dure depuis 2001 et concerne 30.000 patientes en France aussi bien en chirurgie esthétique qu'en reconstruction mammaire, après un cancer [27]. Évidemment, les prothèses PIP ont été retirées du marché et la fabrication, la distribution et l'exportation suspendue [28]. Cette affaire, montrant les faiblesses des systèmes de contrôle et de vigilance, survient juste avant la « loi Médiator® » et confirme qu'une nouvelle réglementation était indispensable [29].

En France, le décret n° 2012-597 du 27 avril 2012 relatif à l'Agence nationale de sécurité du médicament et des produits de santé, modifie le nom de l'Afssaps en Agence Nationale de Sécurité du Médicament et des produits de santé (ANSM) à partir du 1er mai 2012. En moins d'un an, cette nouvelle agence doit faire face à une nouvelle utilisation excessive hors AMM d'un médicament : Diane® 35. Ce médicament a obtenu son autorisation de mise sur le marché (AMM) en France en juillet 1987 dans le traitement de l'acné chez la femme. Il est autorisé dans cent trente – cinq pays et commercialisée dans cent seize pays. Dans la majorité d'entre eux, ce médicament a l'indication "acné" ou "androgen dependent disease", mais, dans certains cas, l'indication "contraception orale" est également associée. Depuis 1987, quatre décès sont imputables à une thrombose veineuse liée à Diane® 35. De plus, cent vingt – cinq autres cas de thrombose ont été notifiés sur la même période : cent treize concernaient des thromboses veineuses et douze des thromboses artérielles. L'ANSM décide donc de réévaluer la balance bénéfice/risque [31]. L'ANSM considère que le rapport bénéfice / risque de Diane 35 (et ses génériques) n'est pas favorable en raison d'une efficacité modeste du médicament dans le traitement de l'acné au regard du risque d'événements thromboemboliques et la survenue de grossesses non désirées [32]. Dans ce contexte, l'ANSM a décidé de suspendre l'AMM de Diane 35 et de ses génériques. Cette suspension prendra effet dans un délai de 3 mois, à compter du 21 mai 2013 [34]. L'histoire ne s'arrête pas là, en effet l'EMA décide d'aller à l'encontre de l'agence française concernant Diane 35 : « Le Comité pour l'évaluation des risques en matière de pharmacovigilance (PRAC) de l'Agence européenne du médicament a conclu que le rapport bénéfice/risque de Diane 35 et de ses génériques est positif, à condition que certaines mesures soient prises pour minimiser les risques thromboemboliques», a indiqué l'EMA dans un communiqué. La France devra donc, très certainement, revenir sur son avis de suspension [32]. L'agence européenne décide d'ajouter des précautions d'utilisation plutôt que l'interdiction de commercialisation. Les autorités nationales doivent suivre l'avis de l'EMA en matière d'évaluation des médicaments. Peut – être que l'ANSM a réagi trop vivement à ce scandale s'ajoutant au Médiator®, aux prothèses PIP®, etc. ?

L'Europe et la législation des médicaments ont énormément évolué au cours de ces cinquante dernières années. Nous sommes passés d'États isolés à États membres d'une Union, d'une législation étatique à une législation communautaire. La réglementation s'est souvent faite en réaction aux scandales pharmaceutiques mais a été également motivée par la construction de l'Europe et de l'enjeu commun. Il faut noter qu'un changement de cap est entrain de s'opérer puisque les réglementations deviennent proactives comme par exemple avec la nouvelle législation concernant la pharmacovigilance qui prévoit des mesures pour protéger les patients mais également pour évaluer l'efficacité de ces dernières. Le but est désormais de prévenir ces accidents pour rétablir la confiance auprès des « patients – consommateurs », car outre cette part sombre de la pharmacie, les médicaments ont permis et permettent un allongement de la durée et de la qualité de vie.

Notons tout de même que l'Union Européenne vient de recevoir le prix Nobel de la paix, cette distinction récompense son action menée depuis plus de soixante ans pour faire avancer la paix et la réconciliation, la démocratie et les droits de l'homme.

5 Evolution de la notion de balance bénéfice risque dans la législation européenne

Après avoir vu comment l'Europe a fait évoluer sa législation concernant le médicament, voyons maintenant plus en détail comment elle a fait évoluer la notion de balance bénéfice – risque. Il y a deux grandes étapes dans cette législation, de la directive 65/65 à la directive 2001/83, puis de cette dernière à aujourd'hui. Quand la notion de bénéfice/risque est – elle apparu pour la première fois ? Comment est – elle définie ? Quelle importance a – t – elle ?

5.1 L'évolution de la notion de « balance bénéfice – risque » de 1965 à 2001

La directive 65/65/CEE concernant le rapprochement des dispositions législatives, réglementaires et administratives, relatives aux spécialités pharmaceutiques n'aborde pas encore la notion de bénéfice – risque. L'article 5 permet de refuser une autorisation de mise sur le marché d'une spécialité pharmaceutique s'il apparaît qu'elle est « nocive » dans les conditions normales d'emploi, ou que l' « effet thérapeutique » de la spécialité fait défaut. L'article 11 permet une suspension ou un retrait de l'autorisation pour ces mêmes raisons.

Il faut attendre la directive 75/318/CEE pour que les notions de « nocivité » et d' « effet thérapeutique » soient mises en relation. Un aspect favorable de la « balance entre l'efficacité et les risques potentiels » doit être mis en évidence et joint à la demande pour obtenir une autorisation de mise sur le marché. Cette directive a pour rôle de créer une annexe permettant l'harmonisation des essais et la présentation des résultats en vue d'obtenir cette autorisation. Dans cette annexe, en deuxième partie (essais toxicologiques et pharmacologiques), les notions d'effets dangereux ou indésirables éventuels sont estimées en fonction de la gravité de l'état pathologique. En effet, pour des maladies létales, la prise de risque est plus facilement acceptable par les patients. La troisième partie (essais cliniques) met en évidence l'effet thérapeutique et la non – nocivité dans les conditions normales d'emploi. Les avantages thérapeutiques doivent prévaloir sur les risques potentiels. L'expérimentateur, dans la conclusion du résumé des essais cliniques, doit se prononcer sur la non – nocivité dans les conditions normales d'emploi, sur la tolérance et sur l'effet thérapeutique du produit avec toutes les précisions utiles. Ces éléments décrivent la façon d'évaluer la « balance bénéfice – risque » et surtout la nécessité qu'elle soit favorable pour l'obtention d'une autorisation de mise sur le marché.

La directive 91/507/CEE modifie l'annexe de la directive 75/318/CEE et dans l'introduction de l'annexe, apparaît pour la première fois le terme de balance bénéfice – risque.

Lorsqu'ils préparent le dossier de demande d'autorisation de mise sur le marché, les demandeurs tiennent compte des notes explicatives communautaires relatives à la qualité, la sécurité et l'efficacité des médicaments publiées par la Commission dans : *La réglementation des médicaments dans la Communauté européenne*, volume III et ses suppléments : *Notes explicatives sur la qualité, la sécurité et l'efficacité des médicaments à usage humain*.

Toute information relative à l'évaluation du médicament concerné est jointe à la demande, qu'elle soit favorable ou défavorable au produit. Sont notamment fournis tous les renseignements pertinents sur chaque essai pharmacotoxicologique ou clinique incomplet ou interrompu relatif au médicament. En outre, afin de pouvoir évaluer le rapport bénéfice-risque de manière continue, après autorisation de mise sur le marché, toute donnée modifiant le contenu du dossier, toute nouvelle information qui ne se trouve pas dans le dossier original et tous les rapports de pharmacovigilance sont transmis aux autorités compétentes.

Texte 1: Directive 91/507/CEE Annexe - Introduction

La directive 93/39/CEE modifie la directive 65/65/CEE en ce qui concerne l'article 4 ter : « l'autorité compétente (qui transmet une copie de l'autorisation à l'agence européenne de l'évaluation des médicaments ainsi que le résumé des caractéristiques du produit) rédige un rapport d'évaluation et des commentaires sur le dossier quant aux résultats (analytiques, cliniques et pharmaco – toxicologique) du médicament. Ce rapport est à mettre à jour dès que de nouvelles informations qui s'avèrent importantes pour l'évaluation de la qualité, de la sécurité et de l'efficacité du médicament deviennent disponibles. ». Cette directive crée également un chapitre sur la pharmacovigilance. En effet, cette idée de « balance bénéfice - risque » est utilisée tout au long de la vie du médicament. Le renouvellement de l'autorisation de mise sur le marché doit être fait tous les 5 ans (tous les 6 mois pendant les deux premières années) et doit être accompagné d'un dossier contenant les informations mises à jour sur l'efficacité, la sécurité et la qualité du médicament afin de réévaluer la balance bénéfice – risque.

La directive 2000/38/CE modifie en partie le chapitre sur la pharmacovigilance en ajoutant que les cas de mauvais usage et d'abus de médicaments peuvent avoir une incidence sur l'évaluation de leurs risques et de leurs bénéfices (art. 29 bis). Il faut également fournir toute information aux autorités compétentes présentant un intérêt pour l'évaluation des risques et des bénéfices que présente un médicament, notamment les informations relatives aux études de sécurité post – autorisation (art. 29 quater d)). De plus, les rapports périodiques actualisés relatifs à la sécurité sont accompagnés d'une évaluation scientifique des bénéfices et des risques que présente le médicament (art. 29 quinquies 6.).

La notion de balance bénéfice – risque s'est mise en place lentement. La législation impose un avis favorable de cette balance pour mettre un médicament sur le marché ou pour le maintien de son autorisation.

5.2 L'évolution de la notion de « balance bénéfice – risque » depuis 2001

En 2001, cette notion est bien connue mais n'est toujours pas définie. Aucun texte ne prévoit une méthode pour évaluer cette balance. Depuis le rassemblement des différents textes, plusieurs amendements ont modifiés la directive 2001/83 : une définition officielle fera t – elle son apparition ? Une méthode d'évaluation sera détaillée ?

Nous verrons à travers le tableau suivant les différentes modifications qu'à subi la directive concernant le bénéfice/risque.

Tableau de comparaison de la directive 2001/83 originelle avec ses différents amendements concernant le bénéfice/risque :

Modifications	2001/83/CE	2001/83/CE après modification (texte en vigueur ou précisé)
	Aucun changement	**Préambule (7)** (...) Les documents et renseignements qui doivent être joints à la demande d'autorisation de mise sur le marché doivent démontrer que le bénéfice lié à l'efficacité l'emporte sur les risques potentiels.
2003/63/CE modification de toute l'annexe 1	**Annexe 1** **Introduction :** (...) En outre, afin de pouvoir évaluer le rapport bénéfice-risque de manière continue, après autorisation de mise sur le marché, toute donnée modifiant le contenu du dossier (...) **QUATRIÈME PARTIE :** DOCUMENTATION CLINIQUE (...) Les avantages thérapeutiques doivent prévaloir sur les risques potentiels.	**Annexe 1** **Introduction et principes généraux:** (11) Pour suivre l'évaluation bénéfice/risque, toute nouvelle information ne figurant pas dans la demande d'origine et toute information de pharmacovigilance sont soumises à l'autorité compétente (...). **2.5. Résumé détaillé clinique** (...) Il est fourni un bref résumé des observations cliniques, y compris des limitations importantes et une évaluation des bénéfices et risques sur la base des conclusions des études cliniques (...).
2004/27/CE	Définitions - Article 1	Définitions - Article 1

28) risque pour la santé publique: tout risque lié à la qualité, la sécurité et l'efficacité du médicament.	28) *risques liés à l'utilisation du médicament*: — tout risque pour la santé du patient ou la santé publique lié à la qualité, à la sécurité ou à l'efficacité du médicament; — tout risque d'effets indésirables sur l'environnement; **28 bis) rapport bénéfice/risque**: <u>l'évaluation des effets thérapeutiques positifs du médicament au regard du risque</u> tel que défini au point 28), premier tiret;
Procédure relative à l'autorisation de mise sur le marché - Article 24 L'autorisation est valable pour cinq ans et renouvelable par périodes de cinq ans, sur demande introduite par le titulaire au moins trois mois avant la date d'expiration, après examen par l'autorité compétente d'un dossier reprenant notamment l'état des données de la	**Procédure relative à l'autorisation de mise sur le marché - Article 24** 1. Sans préjudice des paragraphes 4 et 5, l'autorisation de mise sur le marché est valable pendant cinq ans. 2. L'autorisation de mise sur le marché peut être renouvelée au terme des cinq ans sur la base <u>d'une évaluation du rapport bénéfice/risque</u>

pharmacovigilance et les autres informations pertinentes pour la surveillance du médicament.	effectuée par l'autorité compétente de l'État membre qui délivre l'autorisation.
Article 26 L'autorisation de mise sur le marché est refusée lorsque, après vérification des renseignements et des documents énumérés à l'article 8 et à l'article 10, paragraphe 1, il apparaît que: a) le médicament est nocif dans les conditions normales d'emploi, ou b) l'effet thérapeutique du médicament fait défaut ou est insuffisamment justifié par le demandeur, ou c) (...)	**Article 26** 1. L'autorisation de mise sur le marché est refusée lorsque, après vérification des renseignements et des documents énumérés à l'article 8 et aux articles 10, 10 *bis*, 10 *ter* et 10 *quater*, il apparaît que: a) le rapport bénéfice/risque n'est pas considéré comme favorable; ou que b) l'effet thérapeutique du médicament est insuffisamment démontré par le demandeur; ou que c) (...)
Pharmacovigilance - Article 102 (...) Ce système tient compte également de toute information disponible sur les cas de mésusage et d'abus de médicaments pouvant	**Pharmacovigilance - Article 102** (...) Ce système tient compte également de toute information disponible sur les cas de mésusage et d'abus de médicaments pouvant avoir une

avoir une incidence sur l'évaluation de leurs risques et bénéfices.	incidence sur l'évaluation de leurs risques et bénéfices. »;
Remarque : Toute la partie (Titre IX) Pharmacovigilance a été modifié en 2010 par la directive 2010/84/CE et en 2012 par la directive 2012/26/CE, ces textes ont donc été modifiés depuis.	
Surveillance et sanctions - Article 116 Les autorités compétentes des États membres suspendent ou retirent l'autorisation de mise sur le marché lorsqu'il apparaît que le médicament est nocif dans les conditions normales d'emploi ou que l'effet thérapeutique fait défaut ou enfin que le médicament n'a pas la composition qualitative et quantitative déclarée. (…)	**Surveillance et sanctions - Article 116** Les autorités compétentes suspendent, retirent ou modifient l'autorisation de mise sur le marché lorsqu'il est considéré que le médicament est nocif dans les conditions normales d'emploi ou que l'effet thérapeutique fait défaut ou que le rapport bénéfice/risque n'est pas favorable dans les conditions normales d'emploi ou enfin que le médicament n'a pas la composition qualitative et quantitative déclarée. L'effet thérapeutique fait défaut lorsqu'il est considéré que le médicament ne permet pas d'obtenir de résultats thérapeutiques. (…)
Remarque : Cet article a été modifié en 2010 et en 2011 respectivement par les directives 2010/84	

et 2011/62 mais la notion de bénéfice – risque est restée la même.

Article 117	**Article 117**
1. Sans préjudice des mesures prévues à l'article 116, les États membres prennent toutes les dispositions utiles pour que la délivrance du médicament soit interdite et que ce médicament soit retiré du marché lorsque:	1. Sans préjudice des mesures prévues à l'article 116, les États membres prennent toutes les dispositions utiles pour que la délivrance du médicament soit interdite et que ce médicament soit retiré du marché lorsqu'il est considéré que:
a) il apparaît que le médicament est nocif dans les conditions normales d'emploi, ou	a) le médicament est nocif dans les conditions normales d'emploi, ou que
b) l'effet thérapeutique du médicament fait défaut, ou	b) l'effet thérapeutique du médicament fait défaut, ou que
c) le médicament n'a pas la composition qualitative et quantitative déclarée, ou	c) <u>le rapport bénéfice/risque n'est pas favorable dans les conditions d'emploi autorisées</u>, ou que
d) les contrôles sur le médicament (…)	d) le médicament n'a pas la composition qualitative et quantitative déclarée, ou que
	e) les contrôles sur le médicament (…)

Cet article (paragraphe 1.) a été modifié plusieurs fois depuis pour au final être :

Article 117

1. Sans préjudice des mesures prévues à l'article 116, les États membres prennent toutes les dispositions utiles pour que la délivrance du médicament soit interdite et que ce médicament soit retiré du marché lorsqu'il est considéré que:

a) le médicament est nocif, ou que

b) l'effet thérapeutique du médicament fait défaut, ou que

c) le rapport bénéfice/risque n'est pas favorable; ou que

d) le médicament n'a pas la composition qualitative et quantitative déclarée, ou que

e) les contrôles sur le médicament et/ou sur les composants et les produits intermédiaires de la fabrication n'ont pas été effectués ou lorsqu'une autre exigence ou obligation relative à l'octroi de l'autorisation de fabrication n'a pas été respectée.

Remarque : La notion d'emploi autorisé a disparu.

Ce tableau permet de mettre en évidence que la notion de balance bénéfice – risque s'est fortement ancrée depuis sa première apparition en 1991. De plus, une définition officielle est apparue en 2004 « rapport bénéfice/risque: l'évaluation des effets thérapeutiques positifs du médicament au regard du risque ». Cette balance s'est également affinée en enlevant le critère d'emploi autorisé, en réaction aux utilisations hors AMM mais également aux mésusages qui doivent dorénavant entrer en compte dans cette évaluation. L'importance de l'évaluation de la balance bénéfice – risque est indéniable. Elle a beaucoup évoluée sans être, pour l'heure, détaillée de manière précise dans un ouvrage. Mais où en sont les recherches à ce sujet ? Et comment les industries et les autorités évaluent – elles la balance bénéfice – risque des médicaments ?

3ème Partie : Évaluation de la balance bénéfice – risque

3ème Partie : Évaluation de la balance bénéfice – risque

Nous avons vu l'importance de l'évaluation de la balance bénéfice – risque dans la vie du médicament ainsi que son évolution. Aujourd'hui il n'existe aucun guide, aucune harmonisation quant à son évaluation. Seul le module 2 du Common Technical Document explique d'une façon générale cette évaluation mais aucune méthode formelle n'est décrite dans la littérature. Beaucoup de médicaments ont été retiré du marché dû à leur manque de sécurité (environ 113 médicaments en procédure centralisée depuis 1996). Les scandales à répétition ainsi que l'évaluation floue de cette balance créent un climat de méfiance et une demande de sécurité supplémentaire quant à l'évaluation des bénéfices et des risques des médicaments.

L'objectif de cette partie est de montrer comment l'évaluation de la balance bénéfice – risque est faite aujourd'hui (Module 2 du CTD) mais également comment elle pourrait évoluer avec la présentation de trois méthodes quantitatives. Deux de ces méthodes proviennent du CIOMS et montrent comment il est possible de quantifier cette évaluation avec le principe des trois et le modèle TURBO. La dernière méthode, proposée par l'EMA, est une analyse décisionnelle multi – critères qui pourrait devenir une méthode de référence.

1 Évaluation actuelle de la balance bénéfice – risque

Actuellement, l'évaluation de la balance bénéfice – risque se fait qualitativement de manière implicite selon le module 2 du CTD [36]. Dans cette partie nous allons décrire comment cette balance bénéfice – risque est évaluée en utilisant le rapport du CIOMS qui fourni plus de détails que le module 2 du CTD [37].

1.1 Évaluation des bénéfices

1.1.1 Introduction

L'introduction d'un rapport de l'évaluation des bénéfices – risques contient tout d'abord une discussion sur les indications du médicament. Ses bénéfices doivent pouvoir être quantifiés pour être comparés aux risques (exemple : les vies potentiellement sauvées par le traitement). Cette discussion tient compte de l'épidémiologie et de l'histoire naturelle de la maladie. Aujourd'hui, le bénéfice s'étend avec les notions de qualité de vie, de compliance, etc.

1.1.2 La description de l'épidémiologie et de l'histoire naturelle de la cible

Pour améliorer la pertinence des bénéfices que peut apporter un médicament il est nécessaire d'évaluer plusieurs paramètres comme l'incidence de la maladie, sa prévalence, sa gravité, sa morbidité, sa mortalité ainsi que les populations à risque et les risques ultérieurs encourus si elle n'est pas soignée. Beaucoup de ces renseignements se trouvent déjà dans la littérature.

1.1.3 Les objectifs et les résultats prévus du traitement

Cette partie définit les caractéristiques de la thérapie. Plusieurs questions se posent :

Le traitement prévient une maladie ou plutôt les récidives d'une maladie ?

Agit – il sur une phase aiguë ?

Réduit – il les facteurs de risque d'une maladie grave ?

Limite – il son évolution, sa morbidité et/ou sa mortalité ?

Son objectif est une amélioration pour la santé de l'individu ?

Présent – il un avantage pour la société ?

Est – il de première ou de seconde intention ? Etc.

Certains résultats mettent en avant de manière simple une thérapie, comme la réduction de la morbidité ou de la mortalité d'une maladie. Ces données sont quantifiées et prouvent de l'efficacité d'un traitement suite à des études comparatives avec et sans traitement. La notion de tolérance entre également dans les objectifs et les résultats prévus de la thérapie. Cette dernière est moindre pour les médicaments prévus à prévenir une maladie puisqu'ils sont administrés à des personnes « en bonne santé ». Alors qu'elle devient plus élevée pour les maladies ayant des complications connues graves, voire fatales.

Par exemple, les traitements contre le Syndrome de l'Immunodéficience Acquise ont une tolérance élevée car la maladie est grave et peu d'alternatives sont sur le marché. Au contraire, les vaccins, en prévention des maladies infantiles par exemple, ont une tolérance très faible. Les personnes étant en bonne santé, la balance bénéfice – risque sera difficilement favorable. Mais dans ce cas, il est pris en compte, le bénéfice pour la société, d'où des évaluations favorables.

Un exemple plus complexe, celui des hypocholestérolémiants, qui eux présentent des tolérances variables. En effet, la tolérance dépendra du terrain des patients, s'ils présentent ou non des risques cardiovasculaires, s'ils ont des antécédents d'infarctus, etc. Pour les médicaments prévus en soins palliatifs, comme ceux qui soulagent des maladies chroniques, ceux qui diminuent la fréquence de certains symptômes ou même ceux qui diminuent les risques de complications, le bénéfice est très compliqué à mettre en évidence. Mais d'autres paramètres sont utilisables comme la mesure de qualité de vie ou le QALYs (Quality Adjusted Life Years).

1.1.4 La preuve du bénéfice

La preuve du bénéfice d'un médicament se fait pendant les essais cliniques. Pendant ces essais, les médecins collectent un grand nombre d'informations quant à l'efficacité de la molécule. Avant toute chose il faut définir les termes d'efficacité et d'efficience :

- Efficience : Efficacité de la molécule lors des essais cliniques dans des conditions idéales (optimisation des moyens mis en œuvre pour parvenir à un résultat).

- Efficacité : Efficacité de la molécule lors des pratiques cliniques dans des conditions habituelles (capacité d'un système de parvenir à ses objectifs).

Il faut prouver tout d'abord l'efficience et l'efficacité des tests réalisés.

Les paramètres selon les thérapies :

Pour les thérapies curatives, les paramètres utilisables sont la diminution de la mortalité, de la morbidité et l'amélioration des symptômes ou de la qualité de vie.

Pour les thérapies symptomatiques, les paramètres sont la mesure et la durée pendant laquelle le symptôme est amélioré (ainsi que le pourcentage de patients concernés par cet effet). Après avoir démontré ces effets à l'aide de marqueurs (glycémie, lipidémie, etc.), la fiabilité et la validité des marqueurs restent à prouver.

La qualité des données doit être démontrée ainsi que leurs pertinences. Le niveau de certitude dans l'interprétation des résultats cliniques doit être précisé et tous les résultats doivent être généralisable pour l'étendue de la population cible.

1.1.5 Les thérapies alternatives

L'efficacité d'un traitement doit obligatoirement être démontrée par des comparaisons de ce dernier avec les traitements déjà existants ou s'il n'en existe pas avec un placebo.

Dans le cas où aucune alternative thérapeutique n'existe, l'histoire naturelle de la cible devra être expliquée plus en détail. Dans le cas où il existe une alternative, tous les bénéfices devront être comparés. Idéalement par une comparaison directe, c'est-à-dire sur une même population, avec la même méthode, etc. Une comparaison de l'efficacité et de l'efficience, indication par indication, devra être faite.

La comparaison entre produits peut intégrer d'autres paramètres et faire basculer le choix des médecins (ou le choix du patient) vers un médicament plutôt qu'un autre. Ces paramètres sont la compliance, les voies d'administration, la fréquence de prise, la saveur, etc.

1.1.6 Conclusion

L'objectif de cette partie est de présenter une analyse critique des données cliniques concernant l'efficacité du médicament pour la population cible. Il faut prendre en considérations les données positives et négatives et expliquer pourquoi et comment ces données sont en adéquation avec l'indication du médicament. Dans cette évaluation sont considérées les caractéristiques des populations cibles du médicament, les caractéristiques démographiques, les différentes étapes de la maladie mais également des informations sur les personnes ayant participées à l'étude clinique, celles exclues et celles inclues (pédiatrie, gériatrie, etc.). Il faut bien sûr discuter des limites des essais cliniques, de la validation des échelles utilisées, de la sensibilité, des marges et des méthodes statistiques qui seront utilisées pour l'interprétation des résultats.

Les études cliniques permettent d'avoir un maximum d'information quant aux bénéfices du médicament. Elles permettent de mettre en évidence les similarités et les différences de résultats entre différents groupes d'études, d'observer la corrélation entre efficacité et dosage pour chaque indication et cela dans différentes populations. Toutes ces observations et données collectées doivent faire parties du rapport dans l'évaluation des bénéfices. Enfin dans ces études sont collectées des informations comme la concentration plasmatique afin d'obtenir des concentrations optimales dans le traitement de la maladie.

Toutes ces données collectées serviront à mettre en avant les bénéfices de la molécule et devront être extrapolées pour la population générale. Evidemment, les effets bénéfiques d'un médicament sont contre balancés d'effets secondaires qui doivent également être décrits.

1.2 Evaluation des risques

L'évaluation des risques présente différents aspects, elle peut résulter d'essais cliniques avant la mise sur le marché du médicament ou bien d'effets indésirables inattendus d'un médicament déjà sur le marché. Le rapport doit contenir plusieurs éléments.

1.2.1 Introduction

Plusieurs risques existent pour les médicaments, les risques prédictibles (pharmacologique : hypotension dans les traitements hypotenseurs par exemple) et allergiques (sensibilité de chaque individu). Contrairement aux bénéfices ils sont souvent nombreux et de plusieurs types. Un risque est défini par sa fréquence, son intensité et accessoirement par sa durée. Il faut donc faire une approche multi – factorielle. Notons qu'il existe des effets secondaires fatals, comme le choc anaphylactique, l'agranulocytose et l'insuffisance rénale aiguë. Il est rare de mettre en évidence de tels effets durant les essais car ils touchent moins d'un patient sur 5.000. Il faut donc suivre les médicaments lorsqu'ils sont « consommés » à l'échelle mondiale. Les études épidémiologiques sont nécessaires pour révéler si un médicament présente un effet indésirable pouvant modifier la balance bénéfice – risque.

1.2.2 Les considérations générales dans une analyse des risques

1.2.2.1 Le cas d'un nouvel effet lié au médicament et pouvant modifier la balance bénéfice – risque

Lorsqu'un médicament est sur le marché, il se peut qu'un nouvel effet secondaire apparaisse. Un rapport doit être rédigé quant à la nature, la sévérité, les associations (morbidité, mortalité) et la durée de l'événement. D'autres facteurs entrent en jeu dans ce rapport pour qu'il soit le plus complet possible : la durée pendant laquelle le patient a pris ce médicament, les propriétés physico – chimiques du médicament, la possibilité que l'effet soit lié à la classe thérapeutique, la corrélation démographique ou concomitante d'une maladie, la prise d'autres médicaments simultanément et l'incidence de l'événement. Le signal doit être détaillé au maximum (Core Safety Information). La déclaration d'un effet indésirable peut être faite par les professionnels de santé ou par les patients eux – même.

1.2.2.2 Prévention, prédictibilité et réversibilité de la réaction

Un effet secondaire lié à un médicament peut parfois être empêché. Avant tout, il faut avoir le maximum d'information à son sujet : son histoire naturelle doit être détaillée, la façon de traiter la réaction, sa réversibilité et ses propriétés pharmacologiques en présence d'autres traitements ou d'autres maladies. Mais des méthodes existent pour prévenir certains effets indésirables ou du moins en limiter leurs conséquences : la prévention sur l'emballage, le respect de la posologie et les signes précurseurs afin d'arrêter/de suspendre le traitement. Certains effets sont facilement prédictibles et une bonne surveillance lors du traitement suffit à empêcher l'événement de survenir. S'il est possible de le détecter en laboratoire, la méthode de surveillance doit être précisée (exemple des héparines de bas poids moléculaire où le taux de plaquettes doit être rigoureusement suivi puisqu'il existe un risque de thrombopénie induite par les héparines). Les conséquences d'un mauvais suivi y sont également décrites.

1.2.2.3 Le concept de risque dominant (risk driver) et ses effets sur le profil de risque

Le ou les risque(s) dominant(s) est/sont le ou les effet(s) indésirable(s) qui va/vont dominer tout le profil de risque d'un médicament. Ce dernier aura le plus de poids quant à l'évaluation du risque et la comparaison entre les médicaments pourra se faire sur cet unique effet. Toutefois, la comparaison des médicaments se fait plutôt entre les trois effets les plus graves et les trois effets les plus fréquents. Cette étude va nous permettre d'établir un profil de risque.

1.2.2.4 Évaluation des risques entre produits

Les risques d'un médicament augmentent avec son temps d'utilisation car de plus en plus d'informations sur le produit parviennent. La comparaison d'un produit avec ceux déjà présent sur le marché est difficile. Chaque produit est utilisé depuis plus ou moins longtemps et donc les connaissances acquises sur chacun varient.

Les trois éléments comparatifs clefs de l'évaluation des risques : la description qualitative de l'effet secondaire ; sa fréquence ; l'importance de cette réaction.

1.2.3 Le profil de risque

1.2.3.1 Principe de base

Ce profil de risque repose sur la description et la quantification simple et directe du risque par un système de barres suivant le type d'effet, avec différents degrés : fatal, grave ou autre ainsi que le nombre de cas recensé.

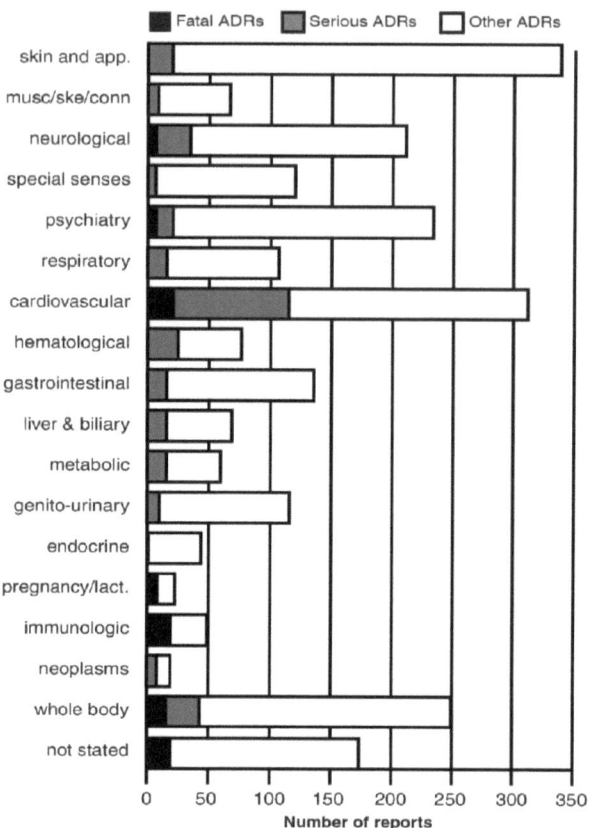

Illustration 2 : Rapport des effets secondaires d'un médicament X selon les cas recensés

1.2.3.2 Structure et présentation des données

Si pour chaque produit un profil de risque est établit, il suffit ensuite de comparer qualitativement le risque de chacun, dans chaque type d'effet secondaire. Le nombre de cas peut être rapporté en pourcentage mais l'ensemble de cette comparaison doit toujours être réalisée dans une période de temps donnée.

1.2.3.3 Spécification des données

Pour que les profils puissent être comparés de façon optimale il est indispensable de séparer les profils obtenus à partir de rapports spontanés, d'essais cliniques et d'études épidémiologiques. De plus, les populations (les enfants des adultes), les indications et les dosages doivent être séparées. La comparaison ne peut pas se faire entre des données brutes émanant de sources multiples.

1.2.3.4 Comparaison des profils pour différents médicaments

Une fois toutes ces conditions respectées, le principe de base ainsi que la spécification des données, la comparaison entre les médicaments peut être réalisée.

Exemple de comparaison de profils de risque entre l'Ibuprofène et le Naproxen, deux antis – inflammatoires non stéroïdiens (Suède de 1975 à 1987) :

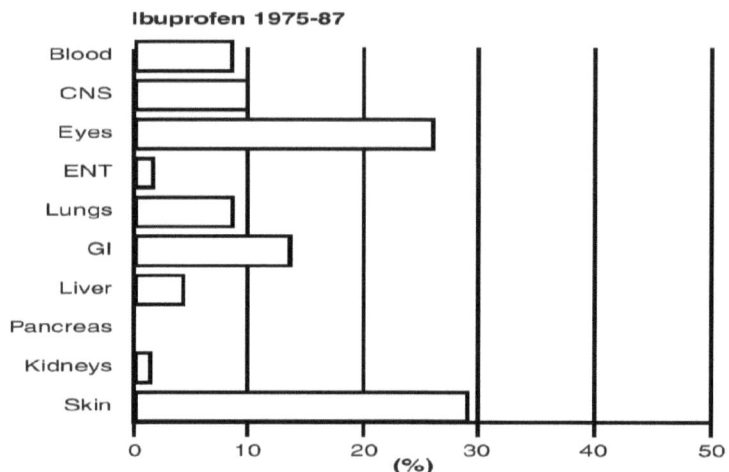

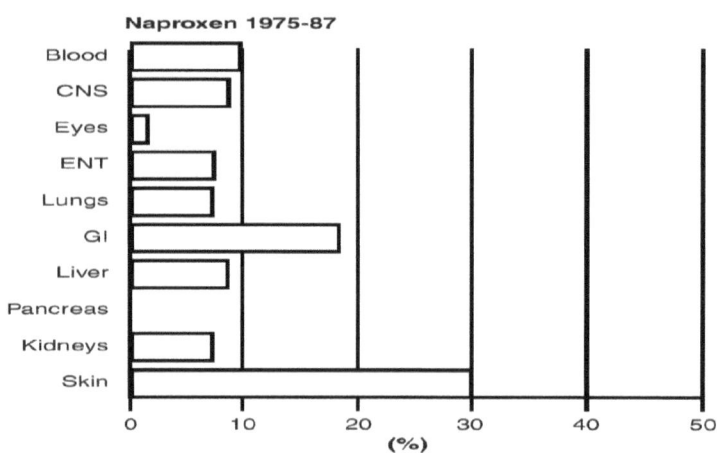

Illustration 3 : Comparaison de 2 profils de risque entre l'Ibuprofène et le Naproxène de 1975 à 1987 en Suède

Cet exemple met bien évidence les différents effets secondaires de chacun des médicaments avec leurs fréquences durant une période définie.

1.2.4 L'importance du risque pour un effet indésirable

Une méthode de notation relative (= pondération) du risque est faite pour différentes réactions. La sévérité permet de résumer au mieux le risque (mort, hospitalisation nécessaire, etc.). La comparaison entre les risques n'est pas toujours facile à évaluer.

Prenons pour exemple un médicament qui cause une anémie chez 1/10.000 personnes et de l'asthme chez 1/1.000 comparé à un autre qui cause un choc anaphylactique chez 1/10.000 et une diarrhée chez 1/1.000. Comment choisir l'un ou l'autre médicament ?

Les médecins vont prescrire un médicament plutôt qu'un autre selon leur expérience personnelle et leur perception propre du risque. Il existe aujourd'hui des logiciels qui avertissent directement les médecins des effets indésirables graves lors de leurs prescriptions.

Il est tentant de hiérarchiser les effets indésirables par leurs degrés de sévérité en incluant des seuils pour définir une nouvelle balance bénéfice – risque et ainsi pouvoir la comparer aux autres médicaments. Des tests ont été réalisés sur des membres du CIOMS sur la notation de différents effets indésirables, avec une échelle de gravité allant de 1 à 10 (10 étant le plus sévère). Le barème étant : très grave (7.50+), grave (5-7.5), assez grave (2.5-5) et moins grave (2.5 -). Le plus sévère étant l'anémie aplasique avec un score de 9.44 et 9.57. Le moins sévère étant les maux de têtes avec un score de 1.69 et 1.09.

1.2.5 Quantification du risque

1.2.5.1 L'incidence de la réaction

La quantification du risque commence par l'étude de l'incidence d'une réaction. Dans la situation d'un effet secondaire qui apparaît alors que le médicament est déjà sur le marché, les cas rapportés sont mis en relation avec le nombre de patients exposés.
Selon le rapport du CIOMS III sur le rapport des effets secondaires, si l'incidence est :
- supérieure ou égale 1 % = l'effet indésirable est considéré comme « fréquent » ;
- supérieure ou égale à 1 pour 1.000 mais inférieure à 1 % = il est dit « peu fréquent » ;
- supérieure ou égale à 1 pour 10.000 mais inférieure à 1/1.000 = il est dit « rare » ;
- supérieure à 1 pour 100.000 = il est dit « très rare ».

Il est plus significatif de parler d'excès d'incidence : différence d'incidence entre les patients exposés et non exposés au traitement durant une période. Ce taux est l'incidence attribuable au médicament. Mais attribuable ne signifie pas que tous les cas sont liés au traitement. Il faut donc comparer cette incidence avec les personnes non traitées (sans même une alternative) qui vont représenter l'incidence de cet événement dans la population malade.

L'autre comparaison est l'incidence relative par rapport aux autres médicaments du marché (patients sous alternative médicamenteuse). Mais dans ce cas il est très difficile de comparer (comme il a été vu précédemment, plus un médicament est longtemps sur le marché et plus il est connu).

Limite de l'incidence :

Un événement peut se produire avec 50 % d'excès d'incidence ou peut se produire à 50 % de plus qu'avec un autre médicament. Le risque pour la santé publique varie considérablement si l'incidence de l'événement est de 1/10, 1/1.000 ou 1/100.000, produisant un excès absolu par million de patients traités respectivement de 100.000, 1.000 ou 10.

1.2.5.2 Approche pratique de la pondération des effets indésirables

La pondération des effets secondaires consiste à affecter un poids à chaque effet, sur des critères de durée, de sévérité et sur ses conséquences. Pour la sévérité et les conséquences, les items pris en compte sont : les années de vie perdues, les jours d'hospitalisations et le score de qualité de vie (QALYs). La limite de cette pondération est que les indicateurs sont spécifiques à chaque pays.

1.2.5.3 Estimation totale du risque du médicament

Après avoir défini le taux d'excès d'incidence ainsi que le facteur de pondération de l'événement, il est possible de déterminer le taux d'excès d'incidence pondéré, en multipliant le taux par le facteur. Ce taux est réalisé pour les trois réactions les plus graves et la somme de ces valeurs individuelles vont fournir un ensemble, un résultat final.

Pour estimer le risque progressif attribuable du médicament, les valeurs globales doivent être soustraites de celles d'un médicament standard choisi arbitrairement.

1.2.5.4 Validité des évaluations

Pour prouver la solidité de l'évaluation du risque, il faut prouver la sensibilité et la précision des méthodes utilisées.
Par exemple, si l'excès d'incidence varie à travers les différentes études menées, l'estimation basse et haute devra être notée.

1.2.6 Conclusion

Cette partie permet de mettre en évidence les effets indésirables.
Il s'agit, comme pour les bénéfices, d'une analyse critique des données où sont considérées les caractéristiques pharmacologiques des effets indésirables. Les essais cliniques permettent de mettre en évidence la présence d'effets indésirables particuliers, comme la prolongation de l'espace QT. Les études toxicologiques chez l'animal permettent également d'évaluer les risques du médicament et doivent évidemment être stipulés dans cette évaluation. Concernant les effets indésirables communs et non – sérieux, la discussion est brève mais il faut surtout se concentrer sur les événements fréquents c'est – à – dire qui se produisent dans une plus grande proportion qu'avec le placebo, ainsi que les événements liés à la classe thérapeutique. Ensuite, concernant les événements plus grave, ils doivent être énumérés et leurs fréquences calculées (dont les décès). Tous ces effets indésirables doivent être discutés et comparés aux contrôles tests. De plus, il faut comparer ces effets dans différentes populations (poids, maladie concomitante, traitements concomitant, etc.) et les corréler avec les doses et

la durée d'administration. Enfin, il est indispensable de donner des méthodes pour lutter, prévenir ces effets secondaires, de décrire les réactions en cas de surdosage.

Toutes ces informations concernant les risques doivent être discutées et tout effet nouveau doit être immédiatement identifié afin d'assurer la sécurité des patients – consommateurs.

1.3 Evaluation de la balance bénéfice – risque

Cette partie tient compte des conclusions issues de l'évaluation de bénéfices et des risques mais également des études de biopharmaceutique et de pharmacologie. Dans cette partie, le traitement deviendra ou non une alternative thérapeutique à une maladie donnée ou même une arme thérapeutique supplémentaire.

Le module 2 du CTD stipule qu'il faut discuter des conclusions suivantes : l'efficacité de la molécule dans chacune des indications, les effets indésirables les plus importants et les moyens d'améliorer la sécurité du médicament, la relation entre dose – réponse et dose – toxicité ainsi que la dose optimale, les bénéfices et les risques par population (ethnique, âge, etc.), les risques d'interactions (nourriture, médicament, etc.) et enfin l'effet du médicament sur la conduite et l'utilisation de machines. Ce même module demande des discussions plus poussées dans le cas d'un médicament pour le traitement de maladie non – fatale mais ayant potentiellement ou non une toxicité sévère comme un effet cancérogène, tératogène, pro – arythmique (QT) ou une toxicité hépatique. De telles discussions sont également indispensables lorsque le médicament nécessite une prescription d'un spécialiste.

1.4 Conclusion

L'évaluation de la balance bénéfice – risque est donc réalisée de manière descriptive, qualitative et de manière implicite. Cette évaluation résulte de la discussion d'experts et les conclusions peuvent donc diverger d'un pays à l'autre, d'un expert à l'autre. Dans un contexte de crise de confiance, de tels mécanismes d'évaluation sont remis en question.

2 Les méthodes d'évaluation de la balance bénéfice – risque

Afin de rétablir la confiance, il est nécessaire de créer des méthodes plus transparentes, plus quantitatives afin de légitimer les décisions de mise sur le marché des médicaments. En effet, nous avons vu précédemment que l'évaluation de la balance bénéfice – risque se fait de manière uniquement qualitative et aucune méthode n'est appliquée pour décider si cette balance penche plus en faveur des bénéfices ou des risques.

Dans cette partie nous étudierons tout d'abord deux méthodes assez simples : le principe des trois et le modèle TURBO ainsi qu'une troisième, plus complexe, plus structurée ayant une chance de devenir une méthode de référence : l'analyse décisionnelle multi – critère (MCDA).

2.1 Introduction

Tout d'abord la relation entre le bénéfice et le risque peut être représenté par un simple graphique :

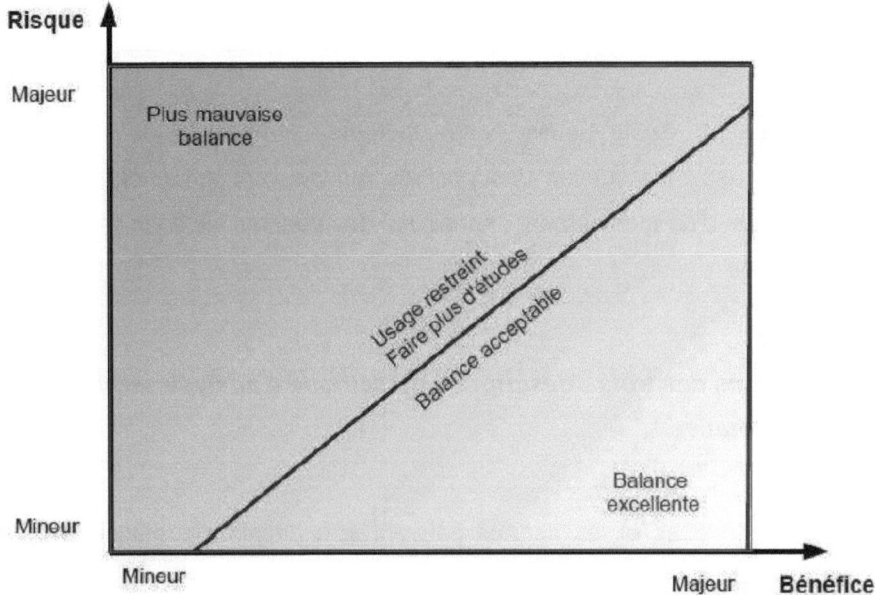

Illustration 4 : Graphique du Bénéfice - Risque, CIOMS IV

Pour les évaluations du bénéfice – risque se trouvant dans les extrêmes de ce graphique, la décision est facile, mais pour une balance plus incertaine, la décision devient complexe (la majorité des cas). Une méthode rigoureuse doit être mise en place pour déterminer si la balance est positive ou non. A noter que « invariablement, l'évaluation du bénéfice – risque est basée sur les failles du jugement humain ».

Le principal obstacle d'une évaluation quantitative est que les analyses des bénéfices et des risques sont mesurées et exprimées différemment. Plusieurs méthodes existent, où différents paramètres (QALYs, efficacité, incidence, ...) sont utilisés mais leurs sensibilités et leurs reproductibilités dépendent beaucoup des « poids » et des « notes » attribués aux bénéfices et aux risques.

Il faut détailler les raisons pour lesquelles des données sont utilisées ou non pour évaluer le bénéfice ou le risque, c'est-à-dire qu'il faut discuter chaque donnée.

Remarque : Il existe aussi des facteurs « extrinsèques » et des caractéristiques individuelles des patients qui peuvent influencer la valeur thérapeutique d'un médicament : sensibilité des patients vis a vis de tel ou tel effet secondaire, etc.

2.2 Principe des trois : description et méthode d'analyse semi – quantitative

Les bénéfices et les risques peuvent être décrits en relation avec la gravité de la maladie traitée ou de l'effet indésirable survenu (cas d'un médicament déjà sur le marché), de sa durée et de sa chronicité (dans le cas d'un effet indésirable survenu : de son incidence dans la population traitée).

Pour un effet indésirable, trois points sont retenus :
- sa sévérité
- sa durée (difficilement quantifiable)
- son incidence

Pour un bénéfice, la maladie est mise en avant par :
- sa sévérité
- sa chronicité (aiguë, chronique, durée,...)
- l'importance de la contrôler, de la soigner
- son incidence (pas nécessaire si le médicament est déjà sur le marché, car en cas d'un nouvel effet indésirable, l'incidence est de 100 % car tous les patients traités ont normalement la maladie)

Un tableau est utilisé pour comparer la maladie sans traitement, la maladie avec le médicament mais également pour les effets indésirables (les trois plus graves et les trois plus fréquents).

Propriétés	Élevée	Moyenne	Faible
Sévérité	Fatale	Paralysant	Gênant
Durée	Permanent	Persistant	Temporaire
Incidence	Fréquent	Occasionnel	Rare

Tableau 1 : Propriétés d'une maladie et/ou d'un effet secondaire

Des chiffres vont être associés à ces termes qualitatifs : Élevé = 3 ; Moyen = 2 ; Faible = 1 ; Pas d'effet = 0. Des seuils sont également instaurés pour déterminer les durées, les incidences et les sévérités. Pour comparer deux médicaments avec la même indication, le tableau sur la maladie sera semblable mais par contre l'effet secondaire dominant (« drive risk ») pourra faire balancer l'évaluation du bénéfice – risque.

Concrètement, comment procéder ?

- Exemple de la dipyrone et de l'aspirine, deux analgésiques.

La dipyrone a pour risque dominant l'agranulocytose.

	Maladie	Efficacité du traitement	Réaction dominante
Sévérité	1	3	3
Durée	1	3	2
Incidence	3	0	1
TOTAL	5	6	6

Tableau 2 : Dipyrone   3 = élevé ; 2 = moyen ; 1 = faible ; 0 = pas d'effet

L'aspirine a pour risque dominant les ulcères.

	Maladie	Efficacité du traitement	Réaction dominante
Sévérité	1	3	3
Durée	1	3	2
Incidence	3	0	2
TOTAL	5	6	7

Tableau 3 : Aspirine   3 = élevé ; 2 = moyen ; 1 = faible ; 0 = pas d'effet

Ces tableaux mettent en avant que la dipyrone présente un meilleur profil de risque, simplement dû à l'incidence des ulcères.

- Un autre exemple, avec la quinine, qui présente deux effets indésirables dominants : la thrombocytopénie (thr ; diminution du nombre de plaquettes) et l'arythmie (ary ; lorsque le cœur bat irrégulièrement). Dans ce cas, l'indication de la quinine est le traitement des crampes au niveau des jambes.

	Maladie	Efficacité du traitement	Réactions thr ; ary
Sévérité	1	1-0	2 ; 1
Durée	1	1-0	2 ; 1
Incidence	2	0	1 ; 1
TOTAL	4	2	4.0 (moyenne)

Tableau 4 : Quinine   3 = élevé ; 2 = moyen ; 1 = faible ; 0 = pas d'effet

Un manque d'efficacité est observable et malgré que les effets indésirables soient faibles, la balance bénéfice – risque est défavorable.

Ces exemples sont simplistes mais il est possible d'affiner les notes et de les pondérer. Mais toute méthode doit être clairement expliquée. Les différentes options médicales peuvent être comparées par ces tableaux d'effets indésirables (et de bénéfices). Au final, les résultats totaux permettent un « classement » des différents médicaments. Mais ce modèle présente des limites, dans la mesure où les échelles des notes ne varient que de 0 à 3. Pour des effets indésirables ou des bénéfices légèrement différent, à partir de quand bascule – t – on d'une valeur à l'autre ? Il y a un réel risque de sur ou sous estimation.

2.3 Principe des trois : approche quantitative

Cette approche peut être utilisée quand suffisamment de données sur les bénéfices et les risques sont exploitables.

Explication avec un exemple :
Un antibiotique, qui a une efficacité de 40 % (taux de guérison pour un épisode aiguë sur une bronchite chronique). Les effets indésirables sont :
- Le rash cutané : touche 20 % des personnes traitées et disparaît 3 jours après l'arrêt du traitement.
- Les douleurs d'estomac : touche 10 % des personnes traitées et dure 1 jour.
- Les diarrhées : touche 5 % des personnes traitées et dure 3 semaines ; 0.05 % des cas sont prostrés.
- L'agranulocytose : touche 0.005 % des personnes traitées dont 10 % sont létales.
Des scores sont choisis arbitrairement : 10 = faible ; 20 = moyen ; 30 = élevé.

Les bénéfices sont évalués de la manière suivante :

Bénéfices = taux de guérison x sévérité de la maladie x chronicité/durée de la maladie

= 0.4 (40%) x 30 x 20

= **240**

Le principe des trois est appliqué, avec les trois effets les plus fréquents et les trois effets les plus graves :

- Effets indésirables fréquents : (moyenne = **13.3**)

Rash cutané	= 0.2 x 10 x 10	= 20
Douleurs d'estomac	= 0.1 x 10 x 10	= 10
Diarrhées	= 0.05 x 10 x 20	= 10

- Effets indésirables graves : (moyenne = **0.078**)

Diarrhée prostré	= 0.0005 x 20 x 20	= 0.2
Agranulocytose	= 0.00005 x 30 x 20	= 0.03
Agranulocytose mortelle	= 0.000005 x 30 x 20	= 0.0045

Ensuite, un ratio du bénéfice – risque peut être calculé : (Bénéfice = **240**)

Moyenne des effets indésirables : (13.3 + 0.078) / 2 = **6.69**

Bénéfice/Risque = 240 / 6.69 = 35.6

Ce résultat signifie donc que la balance est en faveur des bénéfices, sévérité, fréquence et durée des effets indésirables pris en compte.

Remarque :

Il est également possible de calculer le ratio en séparant les effets fréquents et les effets graves.

D'autres méthodes, plus complexes, pourraient incorporer le taux de mortalité, les années gagnées, les QALYs, etc.

Cette approche quantitative peut uniquement être utilisée pour des médicaments déjà sur le marché du fait de la connaissance précise des différents effets. De plus, le résultat sous forme de ratio n'est pas assez représentatif surtout dans les cas où ce dernier pourrait être très faible en faveur ou non des bénéfices.

2.4 Le modèle TURBO

Ce modèle a été crée par le Dr Willem Amery, TURBO signifiant Transparent Uniform Risk/Benefit Overview c'est – à – dire une vue d'ensemble uniforme et transparente du risque/bénéfice.
Le principe : le Dr Amery nomme les notes des risques, **R-Score** et les notes des bénéfices, **B-Score**. Ils vont être combinés pour donner une **note thérapeutique**.
Notons également que :

$$\text{R-factor} = R_o + R_c$$
$$\text{B-factor} = B_o + B_c$$

Où R_o est le risque dominant ; R_c est le risque additionnel (le deuxième plus important ou le plus fréquent) ; B_o est le bénéfice premier et B_c est le bénéfice auxiliaire.
R_o et B_o seront compris entre 1 et 5.
R_c et B_c seront compris entre 0 et 2.

La mesure du R-score (risque) se fait avec l'apparence la plus sévère de l'effet indésirable, les données utilisées sont cliniques (essais), épidémiologiques, etc.

La sévérité, elle, est estimée de la façon suivante :

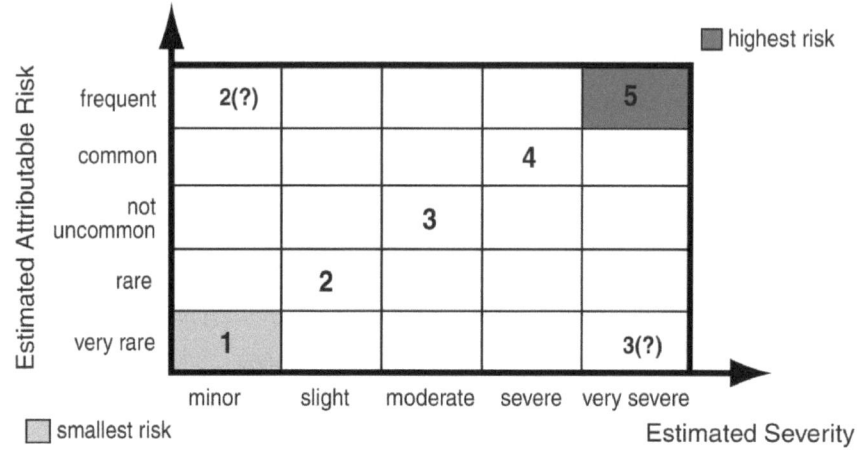

Illustration 5 : R-score associé avec l'effet indésirable le plus grave (=Ro)

La sévérité est un impact sur l'état de santé et les capacités socio – professionnelles, il existe 5 notes :

1 = certaines difficultés, mais pas vraiment d'incapacité.

2 = incapacité temporaire ou intermittente.

3 = incapacité, mais pas de menace pour la vie ni de diminution de durée de vie.

4 = diminution de durée de vie, mais pas de menace pour la vie.

5 = menace pour la vie.

Ces notes doivent prendre en compte les risques gérables : le suivi, le rétablissement (total) si le suivi est bon et la détection de l'effet.

Pour calculer le R-score final, il faut ajuster le R_o avec le R_c car le R-factor = $R_o + R_c$

Où R_c (= R') = + 2 si R' = 5 ; = + 1 si R' = 4 ou = 0 si R' ≤ 3.

Le même style d'approche est utilisé pour déterminer le bénéfice, **B-score**.

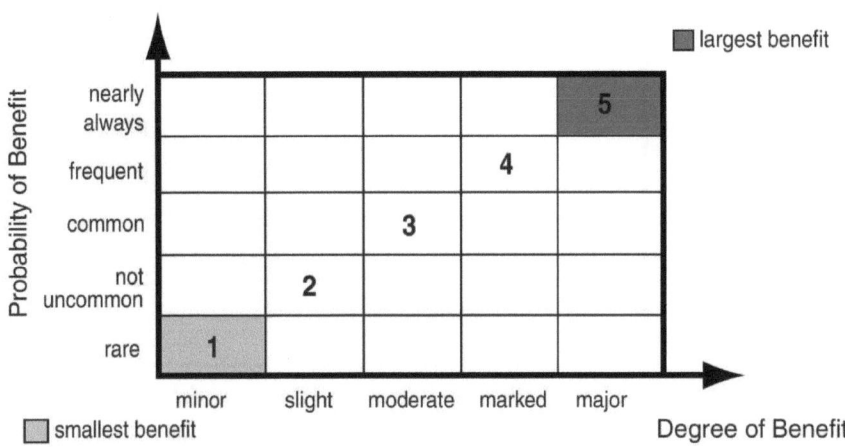

Illustration 6 : B-score associé avec l'indication (= Bo)

Le bénéfice est l'impact de l'indication reflété par un changement d'état de santé et des capacités socioprofessionnelles, 5 notes peuvent lui être attribué:

1 = moins de gêne, mais les capacités reste inchangées.
2 = diminution de la fréquence ou raccourcissement de l'incapacité.
3 = diminution de l'incapacité sans changement de l'espérance de vie.
4 = diminution du raccourcissement de vie.
5 = diminution immédiate de menace pour la vie.

Remarque : Ces notes sont attribuées pour une bonne utilisation du médicament (c'est – à – dire sans problème d'observance).

Le B-score est ajusté avec les bénéfices auxiliaires car le B-factor = $B_o + B_c$ = + 2 s'il existe un effet médical supplémentaire ; + 1 s'il existe un effet pratique supplémentaire (1 prise par jour ; action rapide, etc.).

Pour finir, le R-factor et le B-factor sont comparés dans un diagramme :

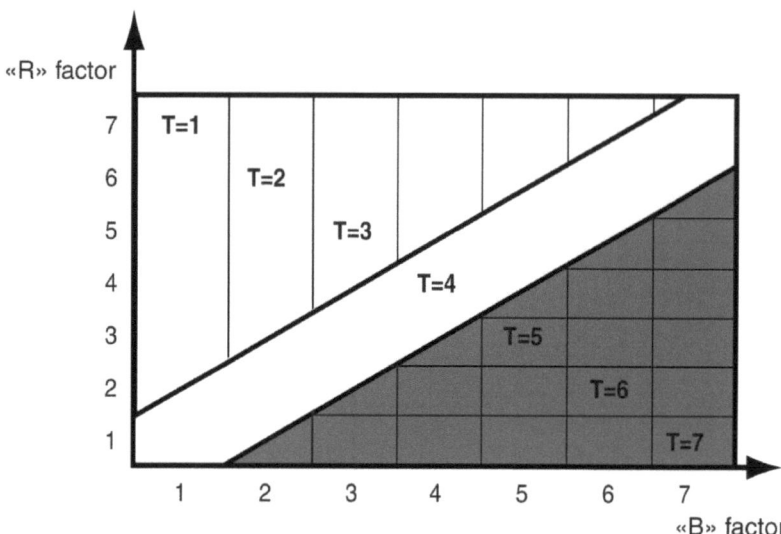

Illustration 7: Balance Bénéfice – Risque intrinsèque = le diagramme TURBO

Au final, il est donc possible de définir un T-score qui pourra être comparé aux autres médicaments.

Limites du principe des trois et du modèle TURBO [36] :
- Il y a un écart significatif, entre une liste complète de bénéfices et de risques, et avec les quelques critères incorporés dans ces modèles.
- Beaucoup de critères utilisés ne sont pas bien définis quant à leurs « notes » attribuées.
- Ces modèles ont été développés pour des médicaments déjà sur le marché.
- Ce modèle n'est pas entièrement terminé et pas validé, ce qui explique sa faible utilisation.
Enfin, nous allons voir une méthode plus structurée appliquée au médicament.

2.5 MCDA : Analyse décisionnelle multi – critères

2.5.1 Principe

Cette méthode générale est proposée par Filip Mussen. Elle peut être appliquée pour l'aide à la décision politique par exemple. Le concept de cette méthode est détaillé dans un ouvrage : *Multi-criteria analysis: a manual* [37]. Le chapitre 6 décrit les 8 points qui permettent d'aider à la réflexion d'une décision mais non à la prise de cette dernière.

Les étapes sont les suivantes :

1. Établir le contexte de décision :

    1.1 Etablir le but du MCDA et identifier la décision à prendre, les acteurs clefs.

    1.2 Concevoir le système sociotechnique pour conduire le MCDA.

    1.3 Considérer le contexte de l'évaluation.

2. Identifier les options à évaluer.

3. Identifier les objectifs et les critères.

    3.1 Identifier les critères pour l'évaluation des conséquences de chaque option.

    3.2 Organiser les critères par regroupement dans une hiérarchie, avec des objectifs de haut et de bas niveau.

4. Notation. Évaluez la performance attendue de chaque option contre les critères. Évaluez alors la valeur associée aux conséquences de chaque option pour chaque critère.

    4.1 Décrire les conséquences des options.

    4.2 Noter les options sur les critères.

    4.3 Vérifier la cohérence des notes sur chaque critère.

5. Pondération. Assigner un poids à chaque critère qui reflète son importance relative pour la décision.

6. Combiner les notes et le poids de chaque critère pour en tirer une valeur globale.

    6.1 Calculer les notes pondérées générales à chaque niveau de la hiérarchie.

    6.2 Calculer les notes pondérées générales.

7. Examiner les résultats.

> 8. Sensibilité de l'analyse.
>
> 8.1 Conduire une analyse de la sensibilité : d'autres préférences, ou d'autres poids affectent – ils la hiérarchie des options ?
>
> 8.2 Regarder les avantages et des inconvénients des options choisies, comparer les par paires.
>
> 8.3 Créer les nouvelles options possibles qui pourraient être meilleures que les originales.
>
> 8.4 Répéter les étapes (ci-dessus) jusqu'à obtenir un modèle 'requis'.

Le principe général est séparé en deux processus : la notation et la pondération. La notation est un processus où l'on mesure la valeur d'une option, un critère à la fois. La pondération est un processus qui assure que les unités de valeurs de tous les critères soit comparable, ce qui est nécessaire pour évaluer l'ensemble de la balance. La méthode MCDA permet donc d'avoir les mêmes unités entre les bénéfices et les risques pour pouvoir les additionner et les soustraire les uns des autres. Des arbres de valeurs hiérarchiques sont souvent utilisés pour structurer les critères de bénéfices et de risques (point 3 de l'application de la méthode MCDA à l'évaluation de la balance bénéfice – risque des médicaments).

2.5.2 Application de la méthode MCDA à l'évaluation de la balance bénéfice – risque des médicaments : concernant une drogue X, un antipsychotique atypique

Les 8 points de l'analyse sont détaillés dans le cas d'un médicament, d'après Stuart Walker [38] :

1. Le contexte de décision

L'étude de cas du médicament X, qui offre un important effet thérapeutique pour les personnes souffrant de schizophrénie. Ce document résume les données disponibles concernant la sécurité et l'efficacité du médicament X, Y et du placebo, avec des troubles de l'électrocardiogramme et d'importants risques cardiovasculaires.

2. Les options à évaluer :
→ Médicament X
→ Placebo
→ Médicament Y

3. Identifier les objectifs et les critères :

Les objectifs et les critères sont déterminés lors des essais cliniques, ce sont les risques et les bénéfices de notre médicament. Ensuite, ils peuvent être hiérarchisés dans un arbre :

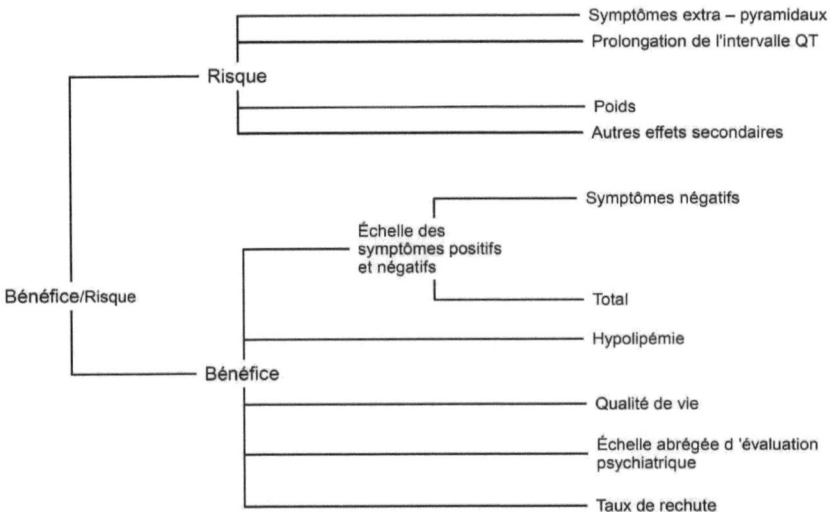

Illustration 8: Arbre hiérarchique du médicament X

4. Notation des options :

La notation de se fait sur une échelle de 0 à 100 sachant que 100 représente la meilleure note que l'on puisse obtenir et 0 la pire. Afin de noter les options sur une échelle de 0 à 100, il est possible d'attribuer une note directement sur une échelle de 0 à 100 ou de définir ce que représente le 0 et le 100 en utilisant les meilleurs et les pires résultats obtenus. L'échelle peut être ensuite linéaire ou non comme présenté ci – dessous :

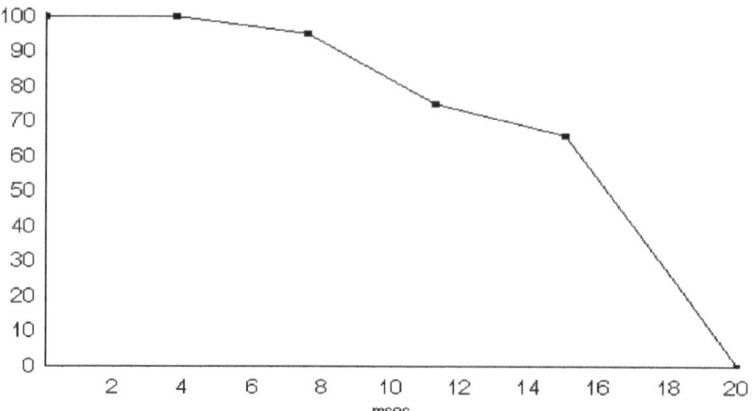
Illustration 9: Valeurs de préférence relative en fonction de la prolongation QT (msec)

Si le médicament provoque une prolongation de l'espace QT de 5 msec, sa valeur sera de 95, c'est – à – dire que l'impact de cet effet secondaire est faible. Cette notation repose sur des acquis scientifiques mais présente tout de même un niveau d'incertitude élevé.

5. Pondération des critères :

La pondération permet de mettre toutes les valeurs précédentes en une seule unité, ce qui permet la comparaison. La pondération est faite selon le jugement de chacun mais doit être faite de manière explicite. Elle représente un compromis dans la méthode MCDA. Une fois la pondération établie, elle permet de montrer que l'augmentation d'un critère est égale à l'augmentation d'un autre. Tout d'abord, la plus grande différence de performance observée entre les échelles de tous les critères qui importent est identifiée et la note de 100 lui est attribuée. Puis toutes les différences des échelles des autres critères sont comparées au critère qui s'est vu attribué un poids de 100.

6. Les notes et les poids de chaque critère pour chaque option sont multipliés et additionnés entre eux afin d'obtenir une valeur globale par option :

Des logiciels permettent de normaliser les poids et ensuite de multiplier les valeurs de préférence de chaque option avec leur poids respectif. Ce procédé est répété pour chaque valeur de l'arbre afin de donner un ensemble final de valeurs de préférences pondérées.

Benefits	Weight	Drug X	Placebo	Drug Y	Cumulative Weight
PANNS	20	53	0	38	5.8
hypolipidemia*	5	80	0	100	1.4
QoL*	30	45	0	20	8.7
BPRS*	100	30	0	35	28.9
relapse rate*	80	65	36	65	23.1
TOTAL	235	47	12	45	67.9

Tableau 5 : Valeurs de préférences et pondérations des bénéfices pour les médicaments X, Y et le placebo

Risks	Weight	Drug X	Placebo	Drug Y	Cumulative Weight
EPS*	26	75	82	49	7.5
QTc prolongation*	75	66	100	96	21.7
Body weight*	7	92	100	92	2.0
Emergent AEs*	3	0	100	0	0.9
TOTAL	111	68	96	82	32.1

Tableau 6 : Valeurs de préférences et pondérations des risques pour les médicaments X, Y et le placebo

Benefit/Risk Overall	Weight	Drug X	Placebo	Drug Y	Cumulative Weight
Risks	111	68	96	82	32.1
Benefits	235	47	12	45	67.9
TOTAL	346	54	39	57	100.0

Tableau 7 : Valeurs de préférences et pondérations générale pour les médicaments X, Y et le placebo

7. Examen des résultats :

A noter tout d'abord que les médicaments X et Y sont plus efficaces que le placebo. Ensuite, il est possible d'analyser les résultats sous forme de graphiques à partir du tableau 7 :

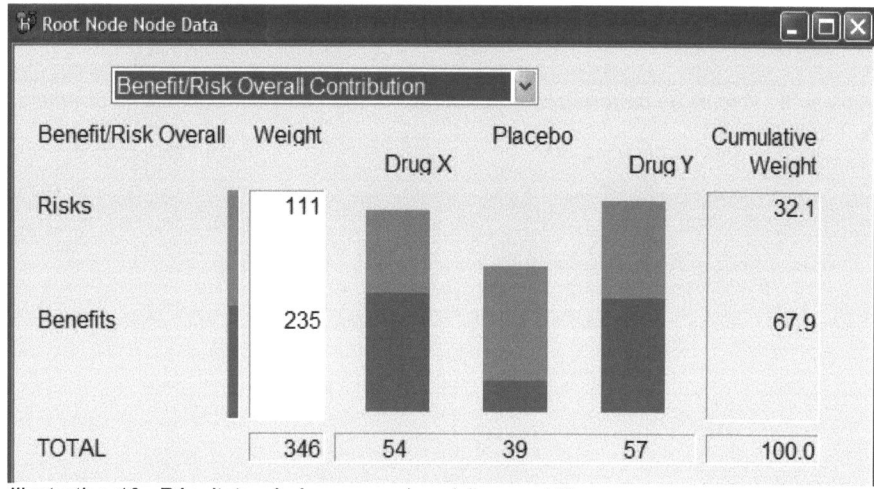

Illustration 10 : Résultats généraux pour le médicament X

Une augmentation de la quantité de rouge signifie que les bénéfices augmentent et plus il y a de vert et moins il y a de risque (= plus de sécurité). Le placebo présente forcément le plus de sûreté car il n'agit pas pharmacologiquement. Les médicaments X et Y, eux, ont pratiquement le même bénéfice, à 2 points près avec un avantage pour X. Mais ce dernier présente 14 points de sûreté en moins, c'est pour cela que le médicament Y sera préféré. Mais les 2 points de bénéfices en plus de la substance X ne valent – ils pas la peine de prendre ces risques en plus ?

8. Analyse de la sensibilité :

Le tableau 7 montre un poids cumulé des risques à 32,1 % (poids des risques par rapport à l'ensemble des poids) et un poids relatif du bénéfice à 67,9 % (poids des effets thérapeutiques par rapport à l'ensemble des poids). Dans l'illustration suivante (illustration 11), le graphique montre quel médicament choisir suivant le poids cumulé des risques. Dans notre cas, le médicament Y est préféré. Il faut un poids cumulé des risques supérieure à 70 % pour préférer le placebo ou inférieur à 12 % pour choisir le médicament X.

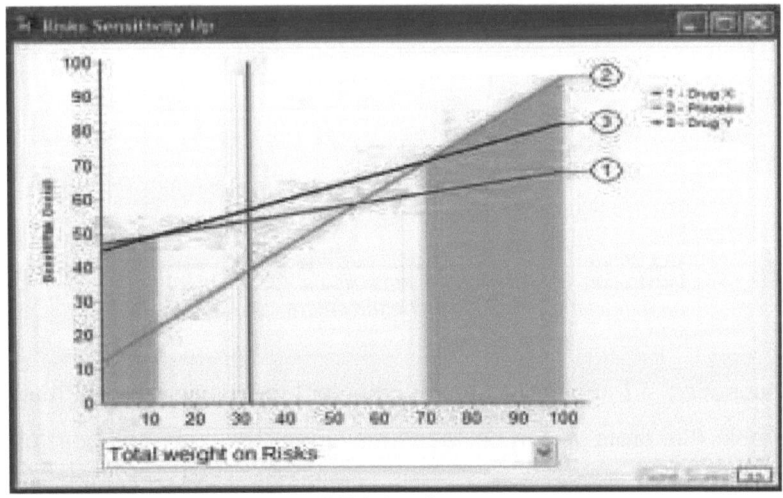

Illustration 11 : Analyse de sensibilité des risques

Remarque : les zones vertes indiquent un changement de préférence.

Cette illustration met en évidence que les poids choisis dans notre exemple, du moins pour la globalité des poids (cumulé) peuvent varier, pour ce qui est des risques, de 12 à 70 % sans que la préférence de notre médicament ne change, ici la substance Y. Cette large gamme sera un atout dans les discussions pour la prise de décision.

Il est possible de réaliser cette même analyse avec chaque poids de chaque critère et ainsi permettre de déterminer quels sont les critères qui influencent le plus le résultat final. Cette analyse permet de démontrer que le modèle choisi est robuste. Un modèle robuste permettra moins de discussions sur les poids attribués. Cette analyse est représentée dans le graphique ci – dessous :

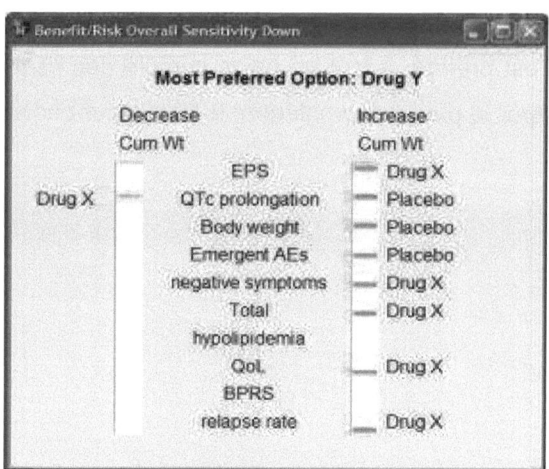

Illustration 12 : Analyse de sensibilité en augmentant ou diminuant les poids de chaque critère

Cette illustration 12 montre qu'en augmentant ou diminuant de manière considérable (les tirets verts), de façon moyenne (les tirets oranges) ou de façon légère (les tirets rouges, aucun ici) le poids de tel ou tel critère, l'option préférée changerait (de Y à X ou de Y au placebo, noté à côté du tiret). L'absence de tiret rouge et le grand nombre de tiret vert signifie donc que le système est robuste.

Il faut noter également que seulement quelques critères représentent une majorité de la totalité du poids. Cela est vérifié par ce tableau 8 qui met les critères par ordre de poids décroissant (Cum Wt) avec une colonne « Sum » qui correspond aux poids cumulés (6) :

	Model Order	Cum Wt	Diff	Wtd Diff	Sum
Benefits	BPRS	28.9	0	0.0	28.9
Benefits	relapse rate	23.1	0	0.0	52.0
Risks	QTc prolongation	21.7	0	0.0	73.7
Benefits	QoL	8.7	0	0.0	82.4
Risks	EPS	7.5	0	0.0	89.9
PANNS	Total	2.9	0	0.0	92.8
PANNS	negative symptoms	2.9	0	0.0	95.7
Risks	Body weight	2.0	0	0.0	97.7
Benefits	hypolipidemia	1.4	0	0.0	99.1
Risks	Emergent AEs	0.9	0	0.0	100.0
		100.0		0.0	

Tableau 8 : Poids cumulé associé à chaque critère

Ce tableau met en évidence que les 3 premiers critères représentent presque 75 % (colonne Sum) du poids total et que 90 % (colonne Sum) de ce poids est représenté par seulement la moitié des critères. Les derniers critères n'auront donc qu'une infime conséquence sur le résultat final.

Une autre analyse consiste à comparer un médicament avec le placebo ou avec une autre substance avec les mêmes indications.

Si l'on compare le médicament X avec le placebo :

Dans la colonne Diff du tableau 9, il y a la différence de note pour chacun des critères entre le placebo et le médicament X. Cette différence multipliée par le poids cumulé du critère (puis divisée par 100), on obtient la colonne Wtd Diff.

	Model Order	Cum Wt	Diff	Wtd Diff	Sum
Benefits	BPRS	28.9	30	8.7	8.7
Benefits	relapse rate	23.1	29	6.7	15.4
Benefits	QoL	8.7	45	3.9	19.3
PANNS	Total	2.9	55	1.6	20.9
PANNS	negative symptoms	2.9	50	1.4	22.3
Benefits	hypolipidemia	1.4	80	1.2	23.5
Risks	Body weight	2.0	-8	-0.2	23.3
Risks	EPS	7.5	-7	-0.5	22.8
Risks	Emergent AEs	0.9	-100	-0.9	21.9
Risks	QTc prolongation	21.7	-34	-7.4	14.5
		100.0		14.5	

Tableau 9 : Comparaison du médicament X avec le Placebo

Les avantages du médicament X sur le placebo sont l'échelle abrégée d'évaluation psychiatrique, les taux de rechute et la qualité de vie. Évidemment, le placebo n'a l'avantage que sur la prolongation de l'espace QT. Avant (tableau 7) il y avait 15 points de différence entre le placebo et le médicament X, maintenant il n'y en a plus que 14,5 mais la différence reste faible.

Maintenant nous allons procéder de la même manière en comparant le médicament X avec le médicament Y.

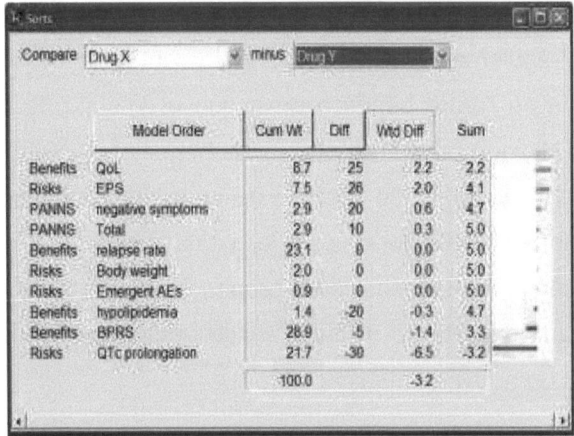

Tableau 10 : Comparaison du médicament X avec le médicament Y

Ce tableau 10 permet de mettre en évidence que le médicament Y est plus avantageux sur la prolongation de l'espace QT et sur l'échelle abrégée d'évaluation psychiatrique alors que le médicament X est plus avantageux sur la qualité de vie et les symptômes extrapyramidaux. Ce sont les critères avec des poids élevés qui discriminent le plus.

Mais une question demeure toujours : les 2 points de bénéfices en plus de la substance X ne valent – ils pas la peine de prendre les 14 points de risques en plus ?

2.5.3 Les avantages de la MCDA

→ Le premier avantage est la modélisation du problème en elle – même car elle permet de cadrer les différentes étapes et les idées des experts.
→ Ce modèle dresse une liste claire des différents risques et bénéfices

pertinents.
- → Il permet également une flexibilité, en offrant la possibilité d'ajouter par après l'un ou l'autre bénéfice ou risque et ensuite de l'étendre à une situation clinique comparable.
- → Il permet d'exécuter une analyse de sensibilité ultérieure, explorant la dépendance des conclusions sur les poids choisis.
- → Il exige, enfin, une discussion à propos du choix subjectif des poids et permet aux experts de discuter sur le profil complet des bénéfices – risques d'un nouveau médicament.

2.5.4 Les inconvénients de la MCDA

- → Les différentes valeurs utilisées dans ce modèle n'incorporent pas l'incertitude des estimations et des variations dans les perceptions subjectives des différents poids attribués par les experts. Les informations disponibles sont donc réduites.
- → Ce modèle traite toutes les valeurs et les poids indépendamment les uns des autres, ce qui est peu réaliste car les critères choisis, eux, sont dépendants les uns des autres. Mais la mise en œuvre d'une structure où les valeurs seraient dépendantes est très complexe.
- → Ce modèle demande beaucoup de temps, car il faut créer un modèle complexe pour chaque situation.
- → La question : les 2 points de bénéfices en plus de la substance X ne valent – ils pas la peine de prendre les 14 points de risques en plus ?

La prise de décision peut être faite par comparaison des différentes valeurs quantitatives plutôt que de mettre en évidence et contraster les différences qualitatives. Les données numériques sont uniquement faites pour nous aider à prendre une décision mais il faut également avoir une approche qualitative du problème pour être le plus pertinent possible et ainsi prendre la bonne décision.

2.6 Conclusion

Actuellement, l'évaluation de la balance bénéfice – risque se fait de manière qualitative. Cependant, différentes méthodes sont envisagées avec chacune leurs forces et leurs faiblesses. La méthode d'analyse décisionnelle multi – critère semble être la méthode la plus prometteuse. Étant donné que la crise de confiance envers les médicaments ne cesse de s'accroître, de nombreuses recherches sont en cours sur cette méthode (Innovative Medicine Initiative, avec le projet : PROTECT ; l'EMA ; Pharmaceutical Research and Manufacturers of America : PhARMA ; Benefit-Risk Action Team : BRAT ; Centre for Innovative in Regulatory Science : CIRS ; The Consortium on Benefit-Risk Assessment : COBRA). Mais pour le moment, aucune position n'a été prise par les autorités et de ce fait, la méthode actuellement employée reste implicite et qualitative. En revanche, ceci va potentiellement changer puisque récemment, le Periodic Benefit Risk Evaluation Report (PBRER) introduit un processus d'évaluation qualitatif ainsi que la possibilité d'utiliser des méthodes quantitatives.

Pour finir, il faut noter que toutes ces méthodes permettront de légitimer les prises de décision de mise sur le marché des médicaments. Certes ces méthodes ne sont pas encore approuvées mais elles sont prometteuses, elles seront une aide à la décision. En effet, ce sont des outils à la prise de décision car cette dernière doit respecter une certaine objectivité, une équité et une responsabilité.

CONCLUSION GÉNÉRALE

Conclusion générale

Ce travail met en évidence que la législation concernant l'évaluation et les méthodes de la balance bénéfice – risque est en plein changement. En effet, nous sommes passés du concept d'évaluation des bénéfices et des risques à une évaluation des bénéfices au regard des risques aux niveaux législatifs et méthodologiques. De plus, l'évolution tend vers une évaluation formelle des médicaments qui aujourd'hui se fait plutôt de manière informelle. Malgré les changements déjà opérés, il reste encore beaucoup de chemin à parcourir concernant l'évaluation de la balance bénéfice – risque. La définition n'a toujours pas évolué depuis 2004 et les guides concernant son évaluation sont limités. Il n'existe, à l'heure actuelle, encore aucune approche implémentée même si les démarches vont dans ce sens. Plusieurs méthodes sont étudiées actuellement par l'Agence européenne du médicament et la législation va sûrement se durcir à ce sujet en imposant aux industriels des évaluations plus transparentes afin d'éviter de nouveaux scandales. La mise sur le marché d'un nouveau médicament est toujours un risque car le corps humain n'est pas connu de manière parfaite et la variabilité individuelle en réponse à ces molécules reste parfois mystérieuse. Cette incertitude est prise en compte dans l'évaluation des médicaments et elle est acceptée par la population, c'est le risque thérapeutique. Le risque thérapeutique ne doit pas être prétexte à mettre des médicaments dangereux et/ou peu efficaces uniquement pour des raisons économiques. Les conflits d'intérêts sont très difficilement évitables surtout dans les contextes de crises économiques actuels. À l'inverse, il ne faut pas forcément réagir à l'extrême, en supprimant des médicaments dits « dangereux » du marché lorsque les utilisations sont abusives, mais plutôt par le biais d'une éducation pharmaceutique auprès des différents professionnels de santé et des patients. En conclusion, l'évaluation de la balance bénéfice – risque est centrale dans les décisions de mise, de maintien ou de suppression du marché. Le développement de telles méthodes permettrait d'améliorer la communication sur les bénéfices et les risques des médicaments, ainsi que de rendre plus transparent la prise de décision pour le public, encore faut – il que ce dernier y soit familiarisé.

Bibliographie

Bibliographie

[1] Läkemedelsverket Medical Products Agency. *Current status of the safety reporting process for clinical trials in Europe.* http://www.ema.europa.eu/docs/en_GB/document_library/ Presentation/2010/06/WC500093370.pdf, consulté le 15 mai 2013.

[2] European Commission. *News and updates on pharmaceuticals.* EudraLex, Volume 10 Clinical trials guidelines, Public Health. http://ec.europa.eu/health/documents/eudralex/vol-10/, consulté le 15 mai 2013.

[3] ICH Expert Working Group. *Development Safety Update Report E2F.* Current Step 4 version, dated 17 August 2010. http://www.ich.org/fileadmin/Public_Web_Site/ICH_Products/ Guidelines/Efficacy/E2F/Step4/E2F_Step_4.pdf, consulté le 12 août 2013.

[4] Borchardt, P. K.-D. *L'ABC du droit de l'Union européenne*, 2ème Édition. Union européenne ; 2010.

[5] Chauveau S., *Genèse de la "sécurité sanitaire": les produits pharmaceutiques en France aux XIXème et XXème siècles.* N° 51-2, p. 88 à 117, févr. 2004. http://www.jstor.org/discover/10.2307/20531102?uid=3738016&uid=2129&uid =2&uid= 70&uid=4&sid=21102541500911, consulté le 14 novembre 2012

[6] Bonah C, *L'affaire du Stalinon et ses conséquences réglementaires, 1954-1959.* Vol. 57, sept. 2007. http://www.larevuedupraticien.fr/histoire-de-la-medecine/l%E2%80%99affaire-du-stalinon-et-ses-consequences-

reglementaires-1954-1959, consulté le 14 novembre 2012

[7] Lefrère J.-J. et Berche P., *Les bébés du thalidomide.* Presse Med., vol. tome 40, n° 3, p. 301-308, 2011. http://www.em-premium.com.scd-rproxy.u-strasbg.fr/showarticlefile/283474/main.pdf , consulté le 14 novembre 2012

[8] « Traité de Rome ». http://eur-lex.europa.eu/fr/treaties/dat/11957E/tif/11957E.html, consulté le 14 novembre 2012.

[9] DEQM. *Historique, Histoire DEQM et Pharmacopée européenne.* http://www.edqm.eu/fr/histoire-DEQM-93.html, consulté le 21 novembre 2012.

[10] Manus Jean – Marie, *Distilbène : 30 ans après, le retour de flamme.* Revue Françaises des Laboratoires, n° 344, juin 2002. http://www.em-premium.com.scd-rproxy.u-strasbg.fr/showarticlefile/190057/main.pdf, consulté le 14 novembre 2012

[11] Wennlg R. *Histoire des catastrophes environnementales d'origine chimique.* Pathologie professionnelle et de l'environnement, n° 16-001-I-05. 2008. http://www.em-premium.com.scd-rproxy.u-strasbg.fr/showarticlefile/184778/16-50993.pdf, consulté le 19 novembre 2012

[12] Toute l'Europe. *Toute l'Europe: Jacques Delors (1925-).* http://www.touteleurope.eu/fr/histoire/personnages/1985-1991.html, consulté le 21 novembre 2012.

[13] Favereau Ericthoraval, A. « 272 transfusés et 25 hémophiles contaminés en 1985. Sang contaminé: les chiffres du scandale . 'Libération' s'est procuré l'expertise médicale qui, pour la première fois, mesure les conséquences du retard pris en 1985 pour sélectionner et tester les donneurs de sang. ». *Libération.* http://www.liberation.fr/evenement/0101246794-272-transfuses-et-25-hemophiles-contamines-en-1985-sang-contamine-les-chiffres-du-scandale-liberation-s-est-procure-l-expertise-medicale-qui-pour-la-premiere-fois-mesure-les-consequences-du-retard-pri, consulté le 21 novembre 2012.

[14] Durand-Souffland, S. « Hormone de croissance : le procès d'un scandale sanitaire ». *Le Figaro.* http://www.lefigaro.fr/actualites/2008/02/05/01001-20080205ARTFIG00015-hormone-de-croissance-le-proces-d-un-scandale-sanitaire.php, consulté le 26 novembre 2012.

[15] DEQM. *Réseau européen général des OMCL.* http://www.edqm.eu/fr/reseau-europeen-general-des-omcl-DEQM-46.html, consulté le 21 novembre 2012.

[16] European Union. *EUROPA - Agences de l'UE – EMA.* http://europa.eu/agencies/regulatory_agencies_bodies/policy_agencies/ema/index_fr.html, consulté le 21 novembre 2012.

[17] Medisite. *Médicaments : les plus gros scandales.* http://sante.planet.fr/medicaments-et-risques-sante-les-plus-gros-scandales.47449.70.html?page=0,5, consulté le 26 novembre 2012.

[18] Medisite. *Toute l'Europe: 1992-2010 : dates clés.*

http://www.touteleurope.eu/fr/histoire/dates-cles/1992-2010.html, consulté le 26 novembre 2012.

[19] Medisite. *Médicaments : les plus gros scandales - Anorexigènes amphétaminiques : dépendance et atteintes cardiaques.* http://sante.planet.fr/medicaments-et-risques-sante-les-plus-gros-scandales.47449.70.html?page=0,8, consulté le 26 novembre 2012.

[20] Medisite. *Médicaments : les plus gros scandales - Cérivastatine : 52 décès, 1 millier de lésions musculaires graves.* http://sante.planet.fr/medicaments-et-risques-sante-les-plus-gros-scandales.47449.70.html?page=0,2, consulté le 26 novembre 2012.

[21] Medisite. *Médicaments : les plus gros scandales - Vioxx® : hausse des accidents cardio-vasculaires.* http://sante.planet.fr/medicaments-et-risques-sante-les-plus-gros-scandales.47449.70.html?page=0,6, consulté le 26 novembre 2012.

[22] Medisite. *Médicaments : les plus gros scandales - Extraits thyroïdiens : 1 décès, 17 hospitalisations.* http://sante.planet.fr/medicaments-et-risques-sante-les-plus-gros-scandales.47449.70.html?page=0,7, consulté le 26 novembre 2012.

[23] Medisite. *Médicaments : les plus gros scandales. Acomplia® : 10 décès dont 4 suicides, 250 cas graves.* http://sante.planet.fr/medicaments-et-risques-sante-les-plus-gros-scandales.47449.70.html?page=0,3, consulté le 26 novembre 2012.

[24] Monneret C. *Les héparines contaminées.* Annales Pharmaceutiques Françaises, vol. 66-4, pages 212-215. Août 2008. http://www.em-premium.com.scd-rproxy.u-strasbg.fr/showarticlefile/182949/main.pdf, consulté le 26 novembre 2012.

[25] ANSM. *Vigilance sur les héparines de bas poids moléculaire Message destiné aux professionnels de santé.* 9 avril 2008. http://www.ansm.sante.fr/var/ansm_site/storage/original/application/06de5ab8 70260184eea1139e148ecb6a.pdf, consulté le 26 novembre 2012.

[26] Medisite. *Médicaments : les plus gros scandales - Di-antalvic® : 65 décès par an.* http://sante.planet.fr/medicaments-et-risques-sante-les-plus-gros-scandales.47449.70.html?page=0,1, consulté le 26 novembre 2012.

[27] Medisite. *Médicaments : les plus gros scandales - Mediator® : responsable de milliers de morts.* http://sante.planet.fr/medicaments-et-risques-sante-les-plus-gros-scandales.47449.70.html, consulté le 26 novembre 2012.

[28] « Le Mediator aurait fait jusqu'à 1 800 morts ». *Le Monde.* http://www.lemonde.fr/sante/article/2013/04/12/mediator-entre-1-300-et-1-800-morts-causees-a-long-terme_3158818_1651302.html, consulté le 15 mai 2013.

[29] « Société : Médiator: rapport accablant des experts judiciaires ». *BFMTV.* http://www.bfmtv.com/societe/mediator-220-a-300-deces-a-court-terme-1-300-a-1-800-a-long-terme-491136.html, consulté le 15 mai 2013.

[30] Lelièvre N. *Conséquences de la loi n° 2011–2012 du 29 décembre 2011 relative au renforcement de la sécurité sanitaire du médicament et des produits de santé.* Douleurs, vol. 13-2, pages 96-99. Avril 2012. http://www.em-premium.com.scd-rproxy.u-strasbg.fr/showarticlefile/708298/main.pdf, consulté le 26 novembre 2012.

[31] European Medicines Agency. *2010 pharmacovigilance legislation.* http://www.ema.europa.eu/ema/index.jsp?curl=pages/regulation/general/general_content_000492.jsp&mid=WC0b01ac058033e8ad, consulté le 26 novembre 2012.

[32] ANSM. *Diane35 et ses génériques-* Communiqué. 27 janvier 2013. http://ansm.sante.fr/S-informer/Presse-Communiques-Points-presse/Diane-R-35-et-ses-generiques-Communique/%28language%29/fre-FR, consulté le 21 mars 2013.

[33] ANSM. *Réévaluation du rapport bénéfice/risque de DIANE 35, Acétate de cyprotérone 2 mg+ éthinylestradiol 0.035mg.* 26 février 2013. http://ansm.sante.fr/var/ansm_site/storage/original/application/17845cb3643271e304e59d74f94b8a72.pdf, consulté le 21 mars 2013.

[34] ANSM. *Procédure de suspension de l'AMM de Diane 35 et de ses génériques - Lettre aux professionnels de santé.* 22 février 2013. http://ansm.sante.fr/S-informer/Informations-de-securite-Lettres-aux-professionnels-de-sante/Procedure-de-suspension-de-l-AMM-de-Diane-35-et-

de-ses-generiques-Lettre-aux-professionnels-de-sante/(language)/fre-FR, consulté le 21 mars 2013.

[35] EMA. *Benefits of Diane 35 and its generics outweigh risks in certain patient groups - PRAC recommendation endorsed by CMDh*. 30 mai 2013. http://www.ema.europa.eu/docs/en_GB/document_library/Press_release/2013/05/WC500143774.pdf, consulté le 05 juin 2013.

[36] European Comission. *Notice to Applicants Medicinal products for human use - Presentation and format of the dossier Common Technical Document (CTD). Volume 2B, EudraLex.* 2003. http://ec.europa.eu/health/files/eudralex/vol-2/b/update_200805/ctd_05-2008_en.pdf, consulté le 15 mai 2013.

[37] CIOMS. *Benefit-Risk Balance for Marketed Drugs: Evaluating Safety Signals.* 1998. http://www.cioms.ch/publications/g4-benefit-risk.pdf, consulté le 18 janvier 2013.

[38] EMA. *Report of the CHMP working Group on Benefit – Risk assessment models and methods.* 19 janvier 2007. http://www.ema.europa.eu/docs/en_GB/document_library/Regulatory_and_procedural_guideline/2010/01/WC500069668.pdf, consulté le 18 février 2013.

[39] Department for Communities and Local Government : London. *Multi-criteria analysis: a manual.* January 2009. http://eprints.lse.ac.uk/12761/1/Multi-criteria_Analysis.pdf, consulté le 19 décembre 2012.

[40] Walker S., Philips L., Cone M. *Benefit-Risk Assessment Model for*

Medicines: Developing a Structured Approach to Decision Making. CMR Institute Member Companies and Regulatory Authorities, juin 2005. http://cirsci.org/system/files/private/BR%20June%202005%20E-%20Report.pdf, consulté le 19 février 2013.

Remerciements

Remerciements

Je tenais tout d'abord à remercier le jury, Mlle Marie Staedelin, Pr Thierry Vandamme et Pr Jean – Yves Pabst.

Je remercie tout particulièrement Mr Jean – Yves Pabst, mon directeur de thèse, de m'avoir permis de réaliser un stage au sein de son équipe et de m'avoir guidé dans ce domaine qu'est le droit pharmaceutique.

J'aimerais remercier tout particulièrement Mlle Marie Staedelin de m'avoir inspiré ce sujet si passionnant mais également de tout son temps qu'elle m'a donné pour pouvoir réaliser ce projet.

Je remercie également Mlle Anne – Sophie Anthony pour son aide, son soutien et ses relectures.

Enfin j'aimerais avoir une pensée pour ma famille, et surtout mes parents, qui m'ont permis de suivre ces études si passionnantes.

I want morebooks!

Buy your books fast and straightforward online - at one of the world's fastest growing online book stores! Environmentally sound due to Print-on-Demand technologies.

Buy your books online at

www.get-morebooks.com

Achetez vos livres en ligne, vite et bien, sur l'une des librairies en ligne les plus performantes au monde!
En protégeant nos ressources et notre environnement grâce à l'impression à la demande.

La librairie en ligne pour acheter plus vite

www.morebooks.fr

OmniScriptum Marketing DEU GmbH
Heinrich-Böcking-Str. 6-8
D - 66121 Saarbrücken
Telefax: +49 681 93 81 567-9

info@omniscriptum.com
www.omniscriptum.com

Printed by Books on Demand GmbH, Norderstedt / Germany